Das Puzzle deiner Identität

Mit den sieben Säulen der Selbstfindung Stück für Stück zu deinem authentischen Selbst und anhaltendem Glück

W0408732

Marjan Kostov

© 2024 Marjan Kostov Alle Rechte vorbehalten.

Dieses Buch oder Teile davon dürfen ohne die ausdrückliche schriftliche Genehmigung des Autors nicht vervielfältigt, in Datenbanken gespeichert oder in irgendeiner Form oder mit irgendwelchen Mitteln, elektronisch, mechanisch durch Fotokopien, Aufnahmen oder auf andere Weise übertragen werden, außer in den Fällen, die im geltenden Urheberrecht ausdrücklich vorgesehen sind. Für die Nutzung von Zitaten oder kurzen Textabschnitten aus diesem Buch in Rezensionen, wissenschaftlichen Arbeiten oder anderen legalen Kontexten sind ordnungsgemäße Quellenangaben erforderlich. Jegliche Fragen oder Anfragen zur Genehmigung für die Nutzung oder Verbreitung des Buchinhalts sind an den Autor zu richten.

Haftungsausschluss:

Die in diesem Buch bereitgestellten Informationen und Ratschläge dienen ausschließlich zu allgemeinen Informationszwecken und sind nicht als Ersatz für professionelle medizinische Beratung, Diagnose oder Behandlung gedacht. Dieser Ratgeber stellt keine psychotherapeutische und medizinische professionelle Beratung dar. Konsultieren Sie stets einen qualifizierten Fachmann, wenn Sie spezifische medizinische Fragen oder Anliegen haben.

Verlag: MK Books

Lektorat/Korrektorat: Ina Broich

Cover: Marjan Kostov und Mustafijur Rahman

Layout: Mustafijur Rahman

ISBN Taschenbuch: 978-3-00-080623-0

ISBN eBook: 978-3-00-080622-3

Erste Auflage: 2024

Das Puzzle deiner Identität: Mit den sieben Säulen der Selbstfindung Stück für Stück zu deinem authentischen Selbst und anhaltendem Glück

Stell dir vor, die Selbstfindung ist wie ein Puzzle: Du setzt die verschiedenen Teile deines Ichs Schritt für Schritt zu einem kohärenten Ganzen zusammen. Diese Metapher betont, dass du als Mensch komplex bist und echte Selbsterkenntnis in kleinen, konstanten Schritten erfolgt.

MARJAN KOSTOV

DAS PUZZLE DEINER IDENTITÄT

Inhaltsverzeichnis

Vorwort

Liebe Leserin, lieber Leser,

herzlich willkommen zum Auftakt einer bedeutsamen Reise – der Reise zu deinem wahren, authentischen Selbst.

Wir leben in einer Zeit, in der medial geprägte Idealbilder, gesellschaftlicher Druck und übersteigerte Erwartungshaltungen dominieren. Dies führt leider nur zu oft dazu, dass die Menschen den Kontakt zu sich selbst verlieren und von Kindesbeinen an systematisch verlernen, Ihr authentisches Selbst zu leben. Diese schmerzhafte Wahrheit trifft bedauerlicherweise auf die überwiegende Mehrheit der Menschen zu. Die Flucht in Suchtmittel, übermäßige Ablenkung durch digitale Medien oder Konsum als Ersatzbefriedigung sind häufig anzutreffende Reaktionen auf diese Misere. Doch immer mehr Menschen wählen nicht die Flucht, sondern die Suche nach sich selbst. Aus diesem Grund habe ich dieses Buch geschrieben. Ich möchte der wachsenden Anzahl dieser Menschen die Möglichkeit geben, sich ohne großen Aufwand selbst zu helfen. Daher habe ich das Konzept der sieben Säulen entwickelt, welches den Suchenden ermöglicht, in konkreten, planbaren Schritten diesen Wandel in Bewegung zu setzen und dabei die eigene Entwicklung zu erkennen und nachzuvollziehen.

Wenn du wissen möchtest, ob dieses Buch auch für dich zum gegenwärtigen Zeitpunkt das Richtige ist, dann stell dir bitte die folgenden Fragen:

Habe ich manches Mal das Gefühl, dass ich mein Leben mehr nach anderen ausrichte als nach mir selbst? Kommt es mir mitunter so vor, als hätte ich den Kontakt zu mir selbst verloren? Fühle ich mich manchmal seltsam unausgefüllt, obwohl ich im Leben eigentlich vieles erreicht habe?

Dies alles sind Anzeichen dafür, dass du bislang wertvolle Anteile deines wahren Selbst unterdrücken musstest. Egal, was wir im Außen erreicht haben, wenn wir uns in unseren Tätigkeiten nicht authentisch zum Ausdruck bringen können, werden wir unser Leben immer als eigentümlich schal empfinden. Dass du dieses Buch in den Händen hältst und gerade jetzt das Vorwort liest, zeigt mir, dass irgendetwas in dir schlummert, was noch nicht zu seiner vollen Entfaltung, seinem vollen Recht kommt. Höchstwahrscheinlich spürst du das als leise Unzufriedenheit und hast dich deshalb auf die Suche nach hilfreichen Impulsen gemacht. Dieses Buch soll dir genau dies bieten: Hilfe zur Selbsthilfe. Mit einer Mischung aus bewährten Methoden, praktischen Übungen und erhellenden Fragen wirst du aufgefordert, aktiv an der Gestaltung deines Lebens mitzuwirken. Diese Arbeit ist ein Dialog – ein Dialog zwischen dir und mir, aber vor allem ein Dialog mit deinem wertvollen, inneren Selbst. Ich würde mich freuen, wenn du dieses Buch als einen Freund und Mentor betrachtest, der dich auf deiner Reise begleitet und unterstützt. Ich gebe dir nicht nur sehr viel theoretisches und praktisch anwendbares Wissen mit auf den Weg, sondern auch Inspirationen aus der Literatur und gezielte Übungen, die dir helfen, kontinuierlich zu wachsen. Jede Seite, jedes Kapitel ist ein Baustein auf dem Fundament deiner Identität. Jeder Schritt auf diesem Weg, jede dazu gewonnene Erkenntnis, ist ein Akt der Selbstermächtigung.

Zum Abschluss dieses Vorwortes beglückwünsche ich dich zu deiner Entscheidung, diese tiefgreifende Transformation deiner Selbst und damit deines gesamten Lebens zu veranlassen. Mögest du den Mut finden, deine Einzigartigkeit zu umarmen und dein Selbst mit neuer Stärke zum Ausdruck zu bringen.

Entschlossen und mit einem Herzen voller Vorfreude

Autor

Ihr persönlicher Wegweiser zum authentischen Selbst (Einführung)

Bevor wir nun die erste Stufe auf deinem Weg zu dir selbst erklimmen, möchte ich dir einen Überblick darüber geben, was du von diesem Buch erwarten darfst. Denn dieses Buch führt dich auf eine Reise, und wie bei jeder Expedition ist es essentiell, die Route zu verstehen, bevor man die ersten Schritte unternimmt. Diese Einleitung ist somit eine Art Wegweiser durch die Prinzipien und Ideen, die die Grundlagen dieses Werkes bilden.

Wie bereits im Vorwort erwähnt, existieren in den meisten Menschen verdrängte Anteile, die von diesen nicht gelebt werden. Bei anderen sind es mehr als nur einzelne Anteile, du hast dich selbst völlig aufgegeben und lebst ein Leben, das vielleicht den Vorstellungen deines sozialen Umfeldes entspricht, nicht aber den Bedürfnissen deines wahren Wesens. Egal, ob nun lediglich einzelne Anteile des Selbst unterdrückt werden oder aber das ganze Selbst: Dieses Buch bietet für jeden Hilfestellung.

Die sieben Säulen - Selbstakzeptanz, Selbstbewusstsein, Selbstvertrauen, Selbstausdruck, Selbstentwicklung, Selbstfürsorge und Selbstreflexion - sind die Schlüssel, mit denen du die Türen zu versteckten Teilen deines Selbst öffnen kannst.

Jeder dieser Säulen ist ein Kapitel gewidmet. Dieser Ansatz soll es dir ermöglichen, Schritt für Schritt voranzukommen. Du hast dir eine wahre Herkulesaufgabe vorgenommen und da ist es besser, nicht den ganzen Brocken auf einmal zu stemmen, sondern ihn in Einzelteile zu zergliedern. Grundsätzlich bauen die einzelnen Stufen aufeinander auf. Es ist daher sicherlich sinnvoll, mit dem ersten Kapitel zu beginnen und das Buch chronologisch durchzuarbeiten. Solltest du dich aber beispielsweise von Kapitel 3 am stärksten angesprochen fühlen, dann fang bitte mit diesem an! Es ist grundsätzlich auch möglich, die Abschnitte in deiner eigenen, individuellen Reihenfolge zu erkunden. Die einzelnen Stufen der Entwicklung bedingen einander und beeinflussen sich stark gegenseitig. In diesem hochkomplexen Entwicklungsprozess gibt es keinen richtigen oder falschen Weg. Es ist deine Reise, es ist dein Selbst – du hältst auf dieser höchstpersönlichen Reise das Steuer in der Hand. Und nun wollen wir die einzelnen Säulen näher betrachten:

Das erste Kapitel beschäftigt sich mit der Selbstakzeptanz – ein kritischer Schritt hin zu einem authentischen Leben. Du lernst, die unveränderlichen Aspekte deiner Persönlichkeit zu akzeptieren und dich mit ihnen zu versöhnen. Dies schafft die Basis, auf der sich alles Weitere entfalten kann. Denn erst wenn wir uns selbst akzeptieren, können wir beginnen, ein Leben zu gestalten, das wahrhaftig unserem inneren Wesen entspricht.

Im zweiten Kapitel wird das Thema Selbstbewusstsein in den Fokus gerückt. Wir analysieren, wie Selbstbewusstsein überhaupt konstruiert wird und warum wir ein gesundes Selbstbewusstsein brauchen. Durch gezielte Übungen wirst du eingeladen, dein Selbstbewusstsein mit positiven Impulsen zu nähren.

Vom Selbstbewusstsein gehen wir nahtlos weiter zum Selbstvertrauen, denn dieses ist nicht nur das Rückgrat eines jeden Vorhabens, sondern auch die Quelle der inneren Kraft, die es dir ermöglicht, Risiken einzugehen und neue Wege zu beschreiten.

Im dritten Kapitel widmen wir uns daher diesem wichtigen Thema und lernen mittels praktischer Übungen unser Selbstvertrauen zu stärken.

Im vierten Kapitel beschäftigen wir uns mit dem Selbstausdruck. Denn der authentische Selbstausdruck führt uns in die Selbstermächtigung. Und diese ist wiederum die essenzielle Kraft, die uns den Mut gibt, unser verborgenes Selbst aufzuschließen, freizulassen und der Welt zu schenken. Daher widmen wir uns ausführlich den verschiedenen Möglichkeiten des Selbstausdrucks und wecken dein Bewusstsein dafür mittels gezielter Übungen.

Im fünften Kapitel denken wir über die Notwendigkeit zur permanenten Selbstentwicklung nach.

Wir setzten uns mit der ursprünglichen Bedeutung des Begriffs auseinander und beleuchten, wie wir durch Offenheit gegenüber neuen Erfahrungen und dem Willen, die eigenen Grenzen zu dehnen, unser Leben reich und lebendig gestalten können.

Im sechsten Kapitel nehmen wir einen äußerst wichtigen Punkt in den Fokus: die Selbstfürsorge.

Diese wird oftmals vernachlässigt oder gar als Egoismus abgestempelt. Dabei ist es äußerst wichtig, konsequent seine physische, mentale und emotionale Gesundheit zu pflegen. Dies gilt ganz besonders für dich, da du dich für einen tiefgreifenden Wandlungsprozess geöffnet hast. Das ist anstrengend, also sorge bitte in dieser Zeit wirklich besonders gut für dich!

Im siebten Kapitel reflektieren wir gemeinsam deine bisherige Reise. Du wirst eingeladen, dich selbst zu analysieren, aus deinen bisherigen Erlebnissen zu lernen und die Entwicklung, die du seit Beginn dieses Buches durchlaufen hast, einzuschätzen.

Nach dieser kurzen Übersicht bleibt mir nur noch, dir alles Gute auf deiner bevorstehenden Reise zu wünschen. Oder vielmehr, dass du das Gute, welches schon in dir verborgen liegt, findest, annehmen und leben kannst.

Ich danke dir dafür, dass du mit mir diesen wichtigen Schritt wagst und wünsche dir auf deinem Weg viele erhellende, transformative Erkenntnisse und nachhaltigen Erfolg.

Selbst-

- akzeptanz
- bewusstsein
- vertrauen x
- ausdruck
- entwicklung x
- fürsorge
- reflektion

KAPITEL 1

Die Basis – Selbstakzeptanz

Nur wer sich vollkommen annimmt, wie er ist, kann der Mensch werden, der er sein will.

Für Menschen, die auf der Suche nach ihrem wahren Selbst sind, ist der erste Schritt in diesem spannenden Prozess die vollständige, allumfassende Akzeptanz von dem, was sie jetzt und heute als ihr „Ich" bezeichnen. Du bist offensichtlich ein solch suchender Mensch, und ich bewundere dich für deinen Mut. Denn du stehst am Anfang einer aufregenden Reise, die einiges an Ehrlichkeit von dir fordern wird. Möglicherweise wirst du dein ganzes Selbstbild über den Haufen werfen, da du herausfindest, dass die Persona, die du bislang gelebt hast, ein Konstrukt war, welches dich – wie ein Fahrzeug – bis zu diesem Punkt deines Lebens transportiert hat. Das war nützlich und hatte seinen Wert, jedoch kommt für jeden Sinnsuchenden früher oder später der Zeitpunkt, wo diese Persona ausgedient hat. Denn sie ist in den meisten Fällen nicht zwingend identisch mit deinem kostbaren, unverwechselbaren, authentischen Selbst.

Unser wahres Selbst ist der eigentliche Wesenskern, der oftmals von der erworbenen, in manchen Werdegängen auch aufgezwungenen Identität verschüttet ist. Es lohnt sich immer, diesen freizulegen. Nicht nur leben wir dann freier, gesünder und im Frieden mit uns selbst, auch unser Umfeld profitiert davon, wenn wir der Welt unser einzigartiges, wahres Ich schenken. Diesen komplexen Prozess kann man jedoch nicht von jetzt auf gleich realisieren. Daher habe ich ihn für dich in sieben Schritte gegliedert, die allesamt für sich genommen einen intensiven Entwicklungsprozess darstellen.

In diesem ersten Schritt, der Arbeit an der Basis, ist es unumgänglich in die Tiefen deiner Psyche zu blicken und sich vollkommen auf alles einzulassen, was du dort vorfindest, auch wenn es teilweise so gar nicht deinen Erwartungen entspricht. Viele Menschen haben Angst vor diesem Prozess. Diese Emotion ist verständlich. Wir alle haben Seiten an uns, die nicht entwickelt sind. Wir haben ungünstige Veranlagungen und die ein oder andere schlechte Angewohnheit. Das Schlüsselwort lautet hier: allesamt. Du bist nicht allein! Jeder Mensch hat Fehler und Schwächen, an denen er arbeiten sollte, und zwar ohne Ausnahme. Egal wie klug man ist, wie alt oder wie gutherzig, wie sympathisch oder weise: Irgendeine ungünstige Tendenz hat jeder Mensch in jeder Lebensphase. Es ist wichtig, sich das vor Augen zu halten, denn allzu oft fühlen wir uns schuldig, weil wir nicht perfekt sind. Das Gegenteil sollte der Fall sein! Ein Mensch, der den Wunsch nach Persönlichkeitsentwicklung hat, kann sich selbst dafür loben. Wer einen Makel als solchen erkennt, hat Respekt verdient, denn Selbsterkenntnis erfordert Mut!

Es ist menschlich, die eigenen Fehler und Schwächen aus seinem Bewusstsein zu verdrängen. Wir alle haben mindestens einen großen blinden Fleck, das heißt einen Makel, dessen Existenz uns nicht bewusst ist. Die Bezeichnung „blinder Fleck“ ist mittlerweile in der Alltagssprache angekommen. Sie wird häufig von Menschen verwendet, die bereits zu einem gewissen Grad reflektiert durchs Leben gehen und sich der Grenzen der menschlichen Selbstwahrnehmung bewusst sind. Diese Menschen sagen dann Sätze wie: „Ich versuche wirklich, mir meine Schwächen einzugestehen, aber da habe ich vermutlich noch einen blinden Fleck." Dieser Satz trifft immer und auf jeden zu, nur dass jeder von uns vermutlich mehr als einen blinden Fleck in seiner Persönlichkeit hat. Es ist nun in weiterer Folge interessant, sich den Ursprung der Analogie des blinden Flecks im wahrsten Sinne des Wortes näher vor Augen zu führen: Der blinde Fleck bezeichnet in der Medizin jene Stelle im menschlichen Auge, an welcher der Sehnerv auf die Netzhaut trifft. An dieser Kontaktstelle sitzen keine Rezeptoren, wodurch an diesem einen Punkt im Auge tatsächlich Blindheit herrscht. Aber nur durch diesen einen blinden Punkt kann das Auge überhaupt sehen, da sich hier erst der Sehnerv verankert. Das bedeutet, dass der Mensch ohne diesen partiellen Verlust an Sehkraft an der Stelle des blinden Flecks vollkommen blind wäre. So sieht er, aber er sieht eben nicht alles. Dergestalt verhält es sich auch mit unserer Persönlichkeit. Nur weil wir nicht alles sehen, können wir überhaupt etwas wahrnehmen. Die teilweise Blindheit schützt uns vor Überforderung. Nach und nach werden wir im Selbstfindungsprozess entdecken, welche Abgründe, aber auch Ressourcen tatsächlich in uns schlummern. Alles auf einmal wahrzunehmen, würde eine völlige Überforderung bedeuten. Deswegen sind diese blinden Flecken der Psyche in Wahrheit ein Schutzmechanismus, der uns dient, anstatt, wie häufig angenommen, ein Zeichen unserer Unfähigkeit, die Wahrheit über uns zu erkennen, sind. Allein durch die Tatsache, dass du dieses Buch in den Händen hältst und bis zu dieser Stelle gekommen bist, hast du schon bewiesen, dass du ein reflektierter Mensch bist, der den Mut hat, an sich zu arbeiten. Auf dieser Basis kannst du getrost weitergehen. Keine Schwäche ist so schlimm, dass man sie nicht mit etwas Geduld und Verständnis für sich selbst bearbeiten kann. Gehe weiter, die Reise wird sich für dich lohnen. Denn vermutlich wirst du nicht nur Schwächen an dir entdecken, sondern viele Qualitäten. Die meisten Menschen, die den Willen haben, an sich zu arbeiten, sind nämlich schon viel weiter auf ihrer Reise, als sie eigentlich annehmen!

Wir arbeiten in diesem Kapitel auf Basis der 7-stufigen Reise zu sich selbst. Diese Basis ist die Selbstakzeptanz. Das Lexikon für Psychologie des Spektrum Verlags definiert diesen Begriff folgendermaßen:

„Selbstakzeptanz ist die Art und Weise, wie man sich selbst in der Gesamtheit der Persönlichkeit wahrnimmt und akzeptiert, sie ist wesentliches Merkmal in der Konstitution der Ich-Identität und wichtiges Kriterium für unser psychisches Wohlbefinden, unsere persönliche Autonomie und unser Lebensglück."[1]

Nach dieser Definition bedeutet Selbstakzeptanz also ein Erkennen des Selbst und in weiterer Folge dessen vollständige Annahme. Hier beißt sich scheinbar die Katze in den Schwanz, denn du liest dieses Buch ja, weil du dich auf den Weg zur Selbstfindung begeben möchtest. Wie solltest du also jetzt schon wissen, wer du eigentlich bist? Es geht in dieser ersten Phase auch tatsächlich nicht um das vollumfängliche Erkennen deines wahren Selbst mit all den schlummernden Potentialen, sondern um das Bild, dass du aktuell von dir und deiner Geschichte hast.

---

[1] Spektrum der Wissenschaft: Selbstakzeptanz, in: Spektrum der Wissenschaft – Lexikon der Psychologie, o. D., https://www.spektrum.de/lexikon/psychologie/selbstakzeptanz/13854#:~:text=Selbstakzeptanz%2C%20die%20Art%20und%20Weise,persönliche%20Autonomie%20und%20unser%20Lebensglück (abgerufen am 08.05.2024).

Viele dieser Selbstannahmen sind jedoch auf einer unbewussten Ebene gespeichert. In diesem ersten Kapitel arbeiten wir also daran, dein Selbstverständnis von dir selbst aktiv in dein Bewusstsein zu holen, sowie das Konstrukt, welches dein Ich sich von deiner Persönlichkeit gemacht hat, zu betrachten und anzunehmen.

Dafür ist es hilfreich, uns mit dem Begriff „Persönlichkeit" in einem nächsten Schritt näher zu befassen.

„Du bist am Ende – was du bist.

Setz' dir Perücken auf von Millionen Locken,

Setz' deinen Fuß auf ellenhohe Socken,

Du bleibst doch immer was du bist." [2]

Diese Worte lässt Goethe in seinem Lebenswerk *Faust – der Tragödie erster Teil* Mephistopheles zum Titelhelden sagen. Er insinuiert damit, dass man seiner eigenen Persönlichkeit nicht entfliehen kann. Egal, wie man sich äußerlich auch zu verändern sucht, den Wesenskern kann man nicht ersetzen.

Doch wie findet man heraus, wer man wirklich ist? Welches sind die Anteile, die man nicht verändern kann und wie lassen sich jene Anteile, die Entwicklungspotential haben, von ihnen unterscheiden? Dies sind hochkomplexe Fragestellungen, deren Beantwortung eine Lebensaufgabe darstellen kann – das bedeutet, dass diese Fragen niemals final gültig geklärt werden können. Vielmehr ist die Suche nach einer Antwort auf diese Fragestellungen für sich genommen schon Anstoß für einen

---

[2] Von Goethe, Johann Wolfgang: Faust I, 5. Aufl., München: C.H. Beck, 2010.

bedeutsamen Entwicklungsprozess. Die Persönlichkeit ist nämlich keineswegs so in Stein gemeißelt, wie es der Teufel persönlich – in teuflischer Absicht – Faust einzureden versucht.

Unter der Persönlichkeit eines Menschen versteht man die Gesamtheit seiner Eigenschaften. Das umfasst definitionsgemäß Regelmäßigkeiten des Verhaltens und Erlebens genauso wie individuelle Besonderheiten in der körperlichen Erscheinung. In Abgrenzung zum Verhalten ist der Begriff der Disposition zu sehen. Verhalten ist direkt beobachtbar und kann sich von Sekunde zu Sekunde ändern. Eine Disposition ist ein Merkmal einer Person, welches über einen längeren Zeitraum hinweg an den Tag gelegt wird und daher nicht direkt beobachtbar ist.[3] Sie ist die relativ stabile Bereitschaft, auf bestimmte Umweltbedingungen mit bestimmten Verhaltensweisen zu reagieren. Eine Disposition kann angeboren oder durch Prägung erworben worden sein. Häufig ist sie jedoch auf ein Zusammenwirken beider Faktoren zurückzuführen. [4]

Der angeborene Teil unserer Persönlichkeit ist also in seiner Essenz unveränderbar. Wir sind deswegen jedoch nicht zwingend das Opfer unserer Veranlagung, denn auch diese Anteile können zumindest immer weiterentwickelt, oder doch aktiv von uns kontrolliert werden. Leidet ein Mensch beispielsweise unter einer Borderline-Störung, so ist dies das Resultat einer genetischen

---

[3] Aspendorf, Jens B./Neyer, Franz J.: Psychologie der Persönlichkeit, 6. Aufl., Berlin: Springer, 2018.

[4] Spektrum der Wissenschaft: Titel, in: Spektrum der Wissenschaft – Lexikon der Psychologie, o. D., www.spektrum.de/lexikon/psychologie (abgerufen am 12.5.2024).

Veranlagung, welche durch Umweltfaktoren getriggert wurde.[5] Der Betroffene kann durch konsequente Therapie diese Veranlagung kontrollieren und so seinen inneren Leidensdruck erheblich verbessern. Dieser Mensch muss also zwar damit leben, was die Natur ihm vererbt hat, aber er ist nicht das Opfer seiner Gene, da er immer noch Herr (oder natürlich Frau) seiner eigenen Entscheidungen ist.

Der deutsche Neurobiologe, Arzt und Psychotherapeut Joachim Bauer hält in seinem Werk „Wie wir werden, wer wir sind. Die Entstehung des menschlichen Selbst durch Resonanz." folgende interessante Information fest: „Dass Menschen, genetisch betrachtet, zu fast hundert Prozent identisch sind, bedeutet nicht, dass ihre Körper, ihr Gehirn und ihre Psyche es auch wären."[6] Seiner Meinung nach funktionierten diese Gene vielmehr wie eine Klaviatur, die von Einflussfaktoren bespielt würde, welche ihren Ausgangspunkt in der Umwelt hätten. (ebd.) „Einen besonders starken, nachhaltigen und wissenschaftlich zweifelsfrei nachgewiesenen Einfluss auf das Gehirn hat das, was ein Mensch in seinem sozialen Umfeld erlebt und tut.", (ebd.) erklärt Bauer und führt an anderer Stelle weiter aus: „Das menschliche Selbst gleicht der Atmung: Es befindet sich im ständigen Wechsel zwischen einem Modus der Rezeption und Internalisierung (Einatmung) und dem der Produktivität, des

---

[5] vgl. Klein, Verena: Diagnose Borderline-Persönlichkeitsstörung, in: Limes-Schlosskliniken, o. D., https://www.limes-schlosskliniken.de/blog/borderline-persoenlichkeitsstoerung/ (abgerufen am 10.07.2024).

[6] Bauer, Joachim: Wie wir werden, wer wir sind. Die Entstehung des menschlichen Selbst durch Resonanz, München: Blessing, 2019.

Abgebens, des Ausscheidens und Verwerfens (Ausatmung) andererseits." (ebd.) Internalisiert und wieder abgegeben würden Bauer zufolge dabei: Implizite und explizite Wahrnehmungs- und Interpretationsstile, Vorstellungen, Haltungen, Handlungs- und Reaktionsweisen, sexuelle Einstellungen, Handlungs- und Entwicklungsaufträge, Leistungsstandards, Zukunftserwartungen, Vorlieben, Abneigungen und ethische Einstellungen. (ebd.)

Diese wissenschaftliche Erklärung der Entstehung der menschlichen Identität ist für unsere aktuelle Aufgabenstellung aus zwei Gründen von großer Bedeutung:

Zum einen sehen wir an dem anschaulichen Bild der Atmung, wie intensiv unser Umfeld von der Arbeit an uns selbst profitiert. Selbstfindung und Selbstbeschäftigung ist also keineswegs ein egoistischer Zeitvertreib, da alle Menschen etwas davon haben, wenn sie mit einem ausgeglichenen, entwickelten Menschen in Kontakt treten.

Andererseits veranschaulicht Bauer, wie viele Faktoren die Entstehung unserer Persönlichkeit beeinflussen. Und diese Faktoren gilt es hier und heute zu akzeptieren. Es ist wahr, dass wir an uns arbeiten und uns entwickeln können. Aber dazu müssen wir uns erst in Selbstakzeptanz üben. Das heißt: Ich kann meine Verhaltensweisen ändern, aber nicht meine Biografie. Ich kann nicht ändern, wer mein Vater ist. Ich kann nicht ändern, in welchem Land ich geboren wurde. Ich kann nicht ändern, dass mein bisheriges Verhalten und meine Denkweise von diesen Voraussetzungen massiv beeinflusst wurde. Alles, was bis zum heutigen Tag geschehen ist, gehört zu mir. Dieser ganze Schatz an Prägungen, an guten und schlechten Erfahrungen, an

Erfolgserlebnissen und eigenem Fehlverhalten ist unveränderlicher Teil meines Lebens.

Damit möchte ich dir auch gleich die erste Affirmation oder den positiven Satz von Susanne Amberg Schneeweis an die Hand geben, den du immer und jederzeit als psychologisches Werkzeug nutzen kannst:

1. Affirmation:

"Ich akzeptiere mich von ganzem Herzen mit all meinen Fehlern, Schwächen und Schmerzen."[7]

Die Wiener Stimmpädagogin und Sängerin Susanne Amberg Schneeweis gibt diese Affirmation ihren Schülern seit Jahrzehnten mit auf den Weg, denn in der Tonbildung offenbart sich der Mensch, und um den Mut zum authentischen Ton aufzubringen, braucht es unbedingt Selbstakzeptanz.

Probiere es doch gleich aus! Am besten, du wiederholst diese Affirmation ein paar Mal, so dass du diese auswendig kannst. Die Affirmation wirkt wie ein Erste-Hilfe-Mittel, wenn man von Selbstvorwürfen oder -zweifeln geplagt ist und kann in Stresssituationen auch lautlos innerlich wiederholt werden. Wenn du jetzt allein bist, dann lege bitte gleich beide Hände auf dein Herz und sage:

---

[7] Amberg Schneeweis, Susanne: Singing makes you happy. Gösing: Edition neue Wege 2006.

Ich akzeptiere mich von ganzem Herzen. Mit all meinen Fehlern, Schwächen und Schmerzen.

Nun kommen wir zum Praxisteil unseres ersten Kapitels. Nimm dir hierfür die Zeit, die du brauchst, denn es ist ein Prozess, der an den Grundfesten deines Egos rütteln kann. Es ist gut möglich, dass du teilweise Widerstände in dir spürst und unangenehme Emotionen auftauchen werden. Bitte denk in einem solchen Fall daran: Alles hat seine Berechtigung, alles hat seinen Platz. Solltest du wütend werden, erlaube dir das Gefühl. Die Emotion steigt auf, um dich zu verlassen. Der Begriff Emotion kommt vom Lateinischen „emovere" was „hinausschaffen" bedeutet. Im Wort zeigt sich also bereits das Wesen der Emotion: Sie ist eine bewegliche Kraft, die durch unseren Körper hindurchgeht. Nur, wenn wir sie unterdrücken, setzten sie sich fest und belastet uns. Durch die Arbeit an uns selbst rütteln wir alte Emotionen wach, die scheinbar aus dem Nichts kommen und uns überraschen können. Sollte dies bei dir der Fall sein, dann lege bitte beide Hände auf dein Herz und versuche zu benennen, was du fühlst. Sage beispielsweise: „Da ist Traurigkeit." oder „Da ist Wut." Nicke drei Mal und schließe die Augen. Vielleicht treten Bilder vor deinem inneren Auge auf? Bejahe auch diese. Bewerte nichts, alles hat seine Berechtigung und Emotionen folgen nicht der Logik des Intellekts. Erlaube dir, einfach da zu sein und deine Emotion wahrzunehmen. Beobachte, wo du im Körper Anspannung wahrnimmst. Emotionen wollen wahrgenommen werden, dann bewegen sie sich von selbst hinaus. Das heißt aber nicht, dass du diesen Prozess nicht unterstützen kannst! Einfache körperliche Übungen sind bei diesem Vorgang sehr hilfreich. Deswegen werde ich im Übungen-Abschnitt zwischendurch immer wieder kleine Gymnastikübungen einstreuen, die dir helfen sollen, den emotionalen Stress aus dem Körper zu verabschieden. Keine Sorge, dies sind wirklich nur ganz einfache, aber dennoch sehr effektive Übungen, für die du nicht aufgewärmt sein musst und die du ganz bequem zwischendurch in deiner Alltagskleidung durchführen kannst.

Nun bitte ich dich noch, dir für jede Reflexionsfrage Zeit zu nehmen und auch jede Stufe in deinem eigenen Tempo anzugehen. Sei in dieser Phase besonders geduldig mit dir! Wann immer du dich durch die Arbeit an dir selbst gestresst fühlst, lege beide Hände auf dein Herz und wiederhole: *Ich akzeptiere mich von ganzem Herzen mit all meinen Fehlern, Schwächen und Schmerzen.* Tu dies im Alltag, wann immer es dir in den Sinn kommt. Du kannst dies auch wiederholen, wenn du beispielsweise gerade am Kopierer stehst.

Und nun wird es Zeit für die erste Reflexion. Am besten, du schreibst die Antworten zu den Fragen gesammelt in ein Heft und verwahrst dieses an einem Ort, an dem es nicht in die Hände von Familienangehörigen gelangt. Es lohnt sich, die Antworten aufzuheben, denn wir werden zu einem späteren Zeitpunkt noch einmal auf diese zurückblicken. Nimmt dir genug Zeit, vielleicht brauchst du eine Viertelstunde, oder eine halbe Stunde, oder sogar eine Stunde? Vielleicht bist du bei der Hälfte der Fragen müde und machst morgen weiter? Es gibt nicht richtig oder falsch, Hauptsache du hast die Fragen in Ruhe und ehrlich beantwortet.

1. Reflexion

1. Welche Seiten mag ich an mir nicht?

2. Was möchte ich gerne an mir ändern?

3. Warum möchte ich diese Wesenszüge, Verhaltensmuster etc. ändern?

Bitte stehe jetzt kurz auf und gehe in einen Schulterbreiten Stand. Lege deine Fingerspitzen auf die Schultern. Drehe nun den Oberkörper langsam von links nach rechts. Der Kopf geht mit, das Becken bleibt gerade. Wiederhole diese Bewegung 15–20-mal in einem äußerst langsamen Tempo oder durchaus gerne öfter, falls das angenehm ist. Setze dich wieder hin.

Weiter geht es mit den Fragen:

4. Wann habe ich mich das letzte Mal für mich selbst geschämt?

5. Welche meiner Taten würde ich gerne ungeschehen machen?

6. Wer will ich werden?

Stehe bitte nochmals auf und wiederhole die Übung.

Wenn du die Fragen nun alle beantwortet hast, dann gebührt dir Hochachtung. Wie ist es dir dabei ergangen? Bist du hart mit dir ins Gericht gegangen? Wie hat sich dein Gesicht angefühlt, während du geschrieben hast? War dein Kiefer verspannt? War deine Stirn gerunzelt? Wie fühlst du dich jetzt?

Lege nun bitte beide Hände auf dein Herz und spreche die Affirmation: *Ich akzeptiere mich von ganzem Herzen, mit all meinen Fehlern, Schwächen und Schmerzen.*

Die Beantwortung welcher Frage hat dir den meisten Stress verursacht? Nummer 4 oder doch Nummer 5? Lies dir bitte die Antwort auf die Frage nochmals durch! Und dann belohne dich. Nimm dir vor, etwas zu tun, was dir Freude macht! Vielleicht gönnst du dir das Paar Schuhe, das dir schon so lange gut gefällt. Oder du gehst ein Eis essen. Was immer dir Freude bereitet, und im Rahmen deine Möglichkeiten liegt: Tu es! Nicht trotz deiner Schwächen, sondern deswegen. Denn was immer du dir vorwirfst, was immer deine vermeintlichen und tatsächlichen Schwächen sind: Du bist in jedem Fall liebenswert. Du hast immer und jederzeit das Allerbeste verdient, also gib es dir, so oft du nur kannst.

Lies nun die Antwort auf die letzte Frage: „Wer will ich werden?“! Diese Antwort verrät dir eine ganze Menge über dich selbst, denn oftmals steckt schon ein Großteil von dem, was wir sein wollen, bereits in uns. Die Eigenschaften, die uns so ideal vorkommen, sind häufig bereits da. Sie müssen nur entwickelt werden.

2. Reflexion

1. Was ist meine allererste Erinnerung?

2. Wer waren in meiner Kindheit meine Idole?

3. Welchen Menschen konnte ich als Kind nicht ausstehen und warum?

Stehe nun bitte wieder auf und gehe in einen Schulterbreiten Stand. Diesmal überkreuzt du die Arme vor der Brust und legst die Hände überkreuz auf die Schultern, ganz, als ob du dich selbst umarmen würdest. Wiege dich leicht von links nach rechts. Das

Becken bleibt wieder gerade. Es wird in diesem Fall keine große Drehung möglich sein. Wiege dich ganz leicht von rechts nach links, ungefähr in dem Tempo, als ob du ein Kind in den Schlaf wiegen würdest. Wiederhole die sachte Bewegung bis zu dreißig Mal und nimm dabei auch die sanfte Dehnung deiner Wirbelsäule wahr.

Nun kann es weitergehen:

4. Welche Eigenschaften bewundere ich heute an anderen Menschen?

5. Welche Eigenschaften stoßen mich an anderen Menschen ab?

6. Was würde das Kind, das ich war, zu dem Erwachsenen, der ich heute bin, sagen?

Bitte stehe auf und wiederhole nochmals die leicht wiegende Bewegung.

In dieser zweiten Reflexionsphase geht es darum, dass du dir vor Augen führst, mit welchen selbstverständlichen Annahmen und Prägungen du ausgestattet bist. Wie ist es dir ergangen? Welche Emotionen hat die 1. Frage bei dir ausgelöst? Hat sich das, was du als Kind an anderen mochtest oder abgelehnt hast, im Vergleich zu heute geändert? Wann immer wir mit einer Eigenschaft im Außen in Resonanz gehen – sei es nun in positiver oder negativer Weise – dann hat diese Eigenschaft immer auch etwas mit uns selbst zu tun. Häufig kommt es vor, dass wir auf eine andere Person ablehnend reagieren, weil diese eine Seite lebt, die wir uns selbst versagen. Im umgekehrten Fall könnten wir die guten Seiten im anderen gar nicht erkennen, wenn wir sie nicht selbst auch in irgendeiner Form in uns tragen würden. Mit diesem Wissen im Hinterkopf lies dir bitte gleich nochmal deine Antworten durch.

3. Reflexion

1. Was kann ich richtig gut?

2. Auf welche Tat bin ich stolz?

3. Welchen Wesenszug mag ich an mir besonders?

Bitte lege nun beide Hände auf dein Herz. Dann nicke drei Mal und sage die Worte „Ich bin ich."

4. Was möchte ich in meinem Leben als nächstes erreichen?

5. Welche Eigenschaften schätzen meine Mitmenschen an mir?

6. Was war das schönste Kompliment, das ich jemals bekommen habe?

Nun wiederhole die kurze Übung und nicke dir dabei zu.

Ist es dir leicht oder eher schwergefallen, diese Fragen zu beantworten? Viele Menschen haben weniger Schwierigkeiten damit, hart mit sich ins Gericht zu gehen, als Positives über sich selbst konkret auszuformulieren. Eigenlob stinkt, sagt ein Sprichwort, das wir alle kennen und in uns tragen. Ich würde dem so nicht zustimmen: Eigenlob ist nicht in jeder Situation passend, doch es ist die Grundlage zur Selbstreflexion. Nur wer eine hohe Meinung von sich hat, kann auch seinen Schwächen wirklich ins Auge blicken. Du hast dich im ersten Reflexionsteil schon mutig deinem negativen Selbstbild gestellt. Stelle dich nun deinen positiven Seiten und lies dir deine Antworten laut vor.

Wie war das für dich? Hast du Freude empfunden oder eher Verlegenheit?

Stelle dich vor den Spiegel und blicke dir dabei selbst in die Augen. Wiederhole die Affirmation drei Mal.

Die erste Stufe ist durchschritten und wird vermutlich noch in dir nacharbeiten. Ich empfehle, zügig zur zweiten Stufe weiterzugehen, auch wenn du vielleicht noch nicht das Gefühl hast, alle Prozesse der 1. Stufe verstanden oder bewältigt zu haben.

Das wäre auch gar nicht möglich. Das Verstehen kommt erst, indem man weitergeht. Gehen wir also den zweiten großen Schritt auf dem Weg zu deinem authentischen Selbst.

KAPITEL 2

Die Bausteine – Selbstbewusstsein

Von der Selbstakzeptanz zum Selbstbewusstsein ist es nur ein kleiner Schritt. Doch auch dieser Schritt will mit Bedacht vollzogen werden, damit man auch tatsächlich vollumfassend auf der nächsten Entwicklungsstufe ankommt und nicht unterwegs über einen Denkfehler oder einen negativen Glaubenssatz stolpert.

Gehen wir also langsam gemeinsam los: Würdest du dich bereits als selbstbewussten Mensch bezeichnen? Und sei es auch nur insgeheim? Oder schreckst du vor dieser Bezeichnung unwillkürlich zurück? Falls ja, ist das eine recht häufig anzutreffende Reaktion. Viele Menschen hören den Begriff „Selbstbewusstsein" allzu oft in einem negativen Zusammenhang und haben sich daher kein gutes Bild davon gemacht. Wenn jemand sagt: „Na, die ist aber ganz schön selbstbewusst!", so ist dies auch tatsächlich selten ein Kompliment. Es ist also wichtig, sich damit auseinanderzusetzen, was mit dem Begriff des gesunden Selbstbewusstseins tatsächlich bezeichnet wird. Sicherlich nicht damit gemeint ist ein aufgeblasenes Ego, oder die Notwendigkeit, sich permanent zu jeder Zeit in den Mittelpunkt drängen zu müssen. Wir alle kennen diese Art von Menschen und im Zeitalter von Social Media können diese ihrem Drang nach oberflächlicher Selbstdarstellung hemmungsloser denn je nachgeben. Viele Menschen, die nach Aufmerksamkeit dürsten, ohne dabei aber Inhalte liefern zu können, besitzen jedoch kein echtes, gesundes Selbstbewusstsein. Ganz im Gegenteil: Diese

Menschen haben oftmals einen ganz geringen Selbstwert, deswegen muss ihnen auch permanent von außen rückbestätigt werden, dass sie doch irgendetwas Interessantes, vielleicht sogar Liebenswertes, an sich haben. Die oftmals vehement eingeforderte Bestätigung liefert jedoch nur für einen kurzen Moment Befriedigung – sie wirkt nicht nachhaltig und muss pausenlos wiederholt werden – ein deutliches Zeichen dafür, dass diese Menschen weder echtes Selbstbewusstsein noch Selbstvertrauen besitzen und diesen Mangel daher ständig durch übertriebene Selbstdarstellung kompensieren müssen. Bei einem Menschen, der gesundes Selbstbewusstsein besitzt, fällt ein Kompliment oder eine positive Rückmeldung auf fruchtbaren Boden, da so jemand die freundliche Aussage konstruktiv in sein Selbstbild einbinden kann.

Doch wie kommt man zu solch einem gesunden Selbstbewusstsein? Das Wort selbst verrät es uns schon: indem man sich seiner selbst bewusst wird. Hierfür hast du schon die allerbeste Vorarbeit geleistet: Du hast bereits umfassend in Selbstakzeptanz geübt. Während dieses Prozesses hast du dich ausführlich mit deinen Stärken und Schwächen auseinandergesetzt und dabei sicherlich viele neue Erkenntnisse über dich selbst gewonnen. Doch unser Selbstbild kann sich nicht allein durch Selbstbespiegelung konstituieren. Der österreichische Neurologe und Psychiater Viktor Frankl hat den äußerst komplexen Prozess der Konstitution des Selbstbewusstseins folgendermaßen auf den Punkt gebracht: „Das Ich wird Ich erst am Du.“[8] Das heißt, dass wir erst im Dialog, in der Interaktion

---

[8]Frankl, Viktor: Trotzdem ja zum Leben sagen. Ein Psychologe erlebt das Konzentrationslager, München: Penguin, 2018.

mit anderen wirklich erfahren, wer wir tatsächlich sind. Zum einen durch die unmittelbare Rückmeldung unserer Mitmenschen auf unsere Person, zum anderen dadurch, was uns an anderen Menschen anzieht oder abstößt. Denn nur was wir in uns tragen, können wir an anderen erkennen. Aber auch die Art und Weise wie wir auf Außenimpulse reagieren, erzählt uns viel über uns selbst. So kann es beispielsweise sein, dass wir mit Ablehnung auf Verhaltensweisen reagieren, die wir uns selbst versagen. In diesem Fall zeigt mir meine Ablehnung des anderen den Weg zu meinen Wünschen.

Dass der Mensch durch das Außen zu sich selbst findet, lässt sich auch aus der Definition des Begriffs „Selbstbewusstsein" des Lexikons der Psychologie des Spektrum Verlags herauslesen: *„Selbstbewusstsein: Das Wissen von meinem eigenen Bewusstsein […] lässt sich nicht von einem selber ableiten, sondern wird durch andere Personen konstituiert. In der Selbstreflexion richte ich mich auf mein eigenes Bewusstsein, indem ich dieses Bewusstsein zum Gegenstand näherer Untersuchungen mache. Im Selbstbewusstsein liegt ein Schlüssel zu Optimismus und Zufriedenheit. Jeder von uns entwickelt diese Eigenschaften durch Bestätigung und Anerkennung. Fehlende Zuwendungen führen zu Selbstzweifel und Unzufriedenheit."*[9]

Die Bewusstwerdung des Selbst passiert somit durch den Dialog mit der Außenwelt, welcher in einem weiteren Schritt reflektiert wird. So setzt sich am laufenden Band das Bewusstsein um unser Ich durch bewusste oder unbewusste Reflexion neu

---

[9] Spektrum der Wissenschaft: Selbstbewusstsein, in: Spektrum der Wissenschaft – Lexikon der Psychologie, o. D., https://www.spektrum.de/lexikon/psychologie/selbstbewusstsein/13883 (abgerufen am 04.06.2024).

zusammen. Unsere Gedankenwelt spielt also bei der Konstitution unseres Selbstbewusstseins eine äußerst wichtige Rolle. Der berühmte Ausspruch des französischen Philosophen René Descartes: „Cogito ergo sum", zu Deutsch „Ich denke, also bin ich." legt dem menschlichen Selbstbewusstsein den Denkprozess gar als eigentliche Bedingung zugrunde. Dieser Ausspruch ist selbstverständlich überspitzt formuliert, denn natürlich ist Leben ohne bewusstes Denken möglich. Aber eben nur bei den Tieren, zur Menschwerdung braucht es das Bewusstsein um die eigene Existenz und die findet den abendländischen Philosophen zufolge im Denken statt.[10] Wir tun also gut daran, unsere Gedankengebilde zu überprüfen, gegebenenfalls zu erneuern und gut zu pflegen. Der englische Dichter William Shakespeare brachte diese Tatsache in folgendem Zitat zum Ausdruck: „Denn an sich ist nichts weder gut noch böse. Das Denken macht es erst dazu."[11] Dieses Zitat entstammt seinem Meisterwerk „Hamlet". Dass die Titelfigur seine Gedankengebilde nicht allzu sorgfältig gepflegt hat, lässt sich an ihrem berühmten Ausspruch „Sein, oder nicht sein, das ist hier die Frage" erkennen. Hierbei geht es um die Frage, ob es leichter ist, das eigene Schicksal, also das Leben oder den eigenen Tod, zu ertragen. Es weist die innere Zerrissenheit auf. Er weiß, dass das Leben nur aus Pflichten besteht und möchte diesen entfliehen. Dies äußert Hamlet auch direkt im darauffolgenden Monolog: „*O schmölze doch dies allzu feste*

---

[10] Spektrum der Wissenschaft: Selbstbewusstsein, in: Spektrum der Wissenschaft – Metzler Lexikon Philosophie, o. D., https://www.spektrum.de/lexikon/philosophie/selbstbewusstsein/1850 (abgerufen am 04.06.2024).

[11] Shakespeare, William: Hamlet, Hertfordshire: Wordsworth Edition, 1997.

Fleisch, zerging und löst in einen Tau sich auf! Oder hätte nicht der Ew'ge sein Gebot gerichtet gegen Selbstmord! Sterben, schlafen, nichts weiter. Ruhestand mit einer Kugel. Gedanken kreisend. Nichtsein!"(ebd.) Dieser Monolog kommt zu dem Zeitpunkt, an dem er erkennt, dass sein Onkel Claudius der Mörder seines Vaters ist.

Hamlet dekonstruiert hier gedanklich sein Selbstbewusstsein – der tragische Tod am Ende des Stückes ist logische Konsequenz und zeichnet sich an dieser Stelle bereits deutlich ab.

Die Macht unserer Gedanken durchdringt also alle Ebenen unseres Seins: Sie bilden unser Ich durch Aktion, Reaktion, Resonanz und darauffolgende Reflexion. Der deutsche Philosoph Johann Gottlieb Fichte beschrieb die Henne-Ei-artige Problematik der Bewusstseinsbildung durch Aktion folgendermaßen: „Das Ich ist zugleich das Handelnde und das Produkt der Handlung; das Tätige und das, was durch die Tätigkeit hervorgebracht wird." Für Fichte sind Handlung und Tat „Eins und ebendasselbe, und dabei ist das: Ich bin, Ausdruck einer Tathandlung." Das praktische Ich würde sich dabei seiner allbildenden Aktivität bewusst, indem es sich in seinen Produkten der Tätigkeit anschaut.[12]

Die Produkte unserer Tätigkeit sind das Echo unserer Existenz in der Welt. Die Bandbreite reicht von einem Lächeln, das wir durch ein freundliches Wort hervorgerufen haben, über eine abgeschickte Mail bis hin zu einem Zahnarztbesuch. Am

---

[12] Spektrum der Wissenschaft: Selbstbewusstsein, in: Spektrum der Wissenschaft – Metzler Lexikon Philosophie, o. D., https://www.spektrum.de/lexikon/philosophie/selbstbewusstsein/1850 (abgerufen am 04.06.2024).

Ende eines Tages haben wir eine Vielzahl von Echos ausgelöst, die alle unbewusst auf uns einwirken. Die Art und Qualität dieser Echos lassen sich jedoch beeinflussen. Wir können unsere Geisteshaltung auf eine positive Erwartungshaltung polen. Damit erreichen wir einen Effekt, der eigentlich bis dahin aus der Medizin bekannt ist und bis zum heutigen Tag intensiv beforscht wird: der Placebo-Effekt.

Die Pathologin Katharina Schmid befasst sich seit Jahrzehnten mit der Untersuchung von Zell- und Gewebeproben. Ebenso lange untersucht sie die Ursachen der Entstehung von Krankheiten und ihrer Heilung. In ihrem Buch „Kopfsache Gesund. Die Wissenschaft entdeckt die Heilkraft der Gedanken." nennt sie zahlreiche aktuelle wissenschaftliche Belege dafür, wie die positive Erwartungshaltung der Patienten das Ergebnis von medikamentösen Behandlungen und Operationen beeinflusst. Schmid resümiert: „Der Glaube an die Wirkung eines Medikaments aktiviert das Immunsystem. Nicht das Scheinmedikament heilt, sondern die innere Einstellung. Placebos sind ein schöner Beleg dafür, dass Gedanken über die Aktivierung des Immunsystems Heilkraft besitzen." [13]

Dies ist ein wissenschaftlicher fundierter Beweis für die Macht der Gedanken. Dieser Mechanismus gilt jedoch nicht nur für die Heilung oder Prävention von Krankheiten, sondern für jeden einzelnen Aspekt deiner Existenz: Du bist selbst dein eigenes Placebo und kannst deine Lebenssituation immer positiv beeinflussen. Dein Bewusstsein um deine Qualitäten und deinen eigenen Selbstwert ist es, welches deiner Gegenwart

---

[13] Schmid, Katharina: Kopfsache gesund: Die Wissenschaft entdeckt die Heilkraft der Gedanken, Wien: Edition a, 2018, S. 95.

Lebensqualität verleiht! Auch wenn in der Konstitution des Selbstbilds eine gewisse Abhängigkeit von der Außenwelt besteht, so hast du doch in jeder Sekunde die Macht darüber, wie du die Impulse der Außenwelt einordnest!

Das lateinische Wort Placebo bedeutet: „Ich werde gefallen“. Was nun, wenn du diese positive Erwartungshaltung der günstigsten Wirkung auf dich selbst überträgst? Dass du, wo immer du hingehst, auf positive Resonanz stoßen wirst? Natürlich ist das nicht immer zu hundert Prozent möglich. Denn schließlich sind du und deine hochgestimmte Frequenz ja nur ein Teil der Gleichung. Die anderen Menschen, mit denen du interagierst, werden aller Wahrscheinlichkeit nach deutlich weniger hochgestimmt sein. Sei es, weil sie mit dem falschen Fuß aufgestanden sind, weil sie ernsthaften Grund zur Traurigkeit haben oder weil sie einfach Miesepeter sind: Deine Mitmenschen kannst du nicht ändern. Wenn du ihnen jedoch im Placebo-Modus begegnest, dann wirst du die besten Seiten dieser Menschen triggern. Du interagierst also immer mit der aktuell bestmöglichen Version der anderen. Dies ist bereits eine enorme Verbesserung der Lebensqualität und bringt dir am laufenden Band viele kleine gute Rückmeldungen zu deinem Selbst. Aus diesen abertausenden kleinen Bausteinen transformiert sich nachhaltig dein Selbstbild und du erlangst ein kerngesundes Selbstbewusstsein.

Fange also am besten gleich damit an: Bringe deine Gedankenwelt auf eine höhere Schwingung. Kreiere dir in bewusster und liebevoller Weise ein Selbstbild, welches auf Wohlwollen beruht. Die folgenden Übungen sollen dich in diesem Prozess unterstützen:

Übung 1: Dankbarkeit

Der einfachste und schnellste Weg, seine Gedanken auf eine höhere Ebene zu heben, ist das Praktizieren von Dankbarkeit. Bestimmt gibt es auch in deinem Leben mehr als genug Dinge, für die du jetzt und hier dankbar sein kannst. Es ist eine Freude, sich diese alle zu vergegenwärtigen. Ich empfehle dir, dieses einfache Dankbarkeitstraining an mindestens drei aufeinanderfolgenden Tagen zu praktizieren. Ganz ideal wäre natürlich, dass sich die Dankbarkeit für die vielen kleinen guten Dinge im Leben als Reflex einstellt, doch dies braucht Beständigkeit, Übung sowie die Bereitschaft zu dieser Entwicklung. Daher rate ich dir, dich bei dieser Übung erst einmal nur für drei Tage auf diese Denkweise einzulassen. Du entscheidest selbst, ob du weitermachen willst oder nicht. Nur eine Sache möchte ich gleich vorwegschicken: Es geht hier keinesfalls um falsch verstandenes positives Denken! Man muss sich nicht mit Gewalt alles schönreden. Wenn du dir beispielsweise den Knöchel gebrochen hast und dich seit drei Wochen nur unter Schmerzen mit Krücken bewegen kannst, wirst du dafür vermutlich keine große Dankbarkeit aufbringen wollen. Es sei denn, du hast dadurch trainiert, auf einem Bein zu stehen. Dann kannst du zumindest für die wiedererlangte Fähigkeit, das Gleichgewicht zu halten, Dankbarkeit aufbringen. Das ist aber etwas anderes, als sich selbst einzureden, ein gebrochener Knöchel sei eine großartige Sache. Mit einer solchen Mentalität fügt man sich selbst Gewalt zu und aus gutem Grund hält dieses falsch verstandene positive Denken niemand lange durch. Es geht also nicht darum, die Schattenaspekte deines Lebens schönzureden, sondern den Fokus aufs Licht zu lenken, bis dieses so groß wird, dass der Schatten in den Hintergrund rückt.

Nimm dir für die Dankbarkeits-Übung eine gute Viertelstunde Zeit. Setz dich dazu mit einer Tasse Tee oder Kaffee gemütlich hin. Frage dich bitte:

Was ist in diesem Moment alles in Ordnung?

Da müssten jetzt gleich die Antworten beginnen zu fließen: Mein Knie tut nicht weh; Mein Atem fließt selbstverständlich und ohne Hindernis; Ich habe frisches Trinkwasser …

Mach so lange weiter, bis dir nichts mehr ein- beziehungsweise auffällt. Aller Wahrscheinlichkeit nach wird die Viertelstunde verfliegen und du kannst eigentlich noch länger dasitzen und in Gedanken alle guten Dinge in deinem Leben aufzählen. Denn egal wie viele ernstzunehmende Schwierigkeiten man gerade hat, die Liste der Dinge, die gerade mit einem selbst in Ordnung sind, ist stets lang.

Nimm diese Übung bitte auch gedanklich in deinen Alltag mit. Wann immer du daran denkst, versuche, 1–3 Dinge aufzuzählen, die gerade vollkommen in Ordnung sind, und verstärke diesen Prozess so oft wie möglich durch folgende Affirmation:

„Ich finde das Gute im Schlechten.“

Denke bei dieser Affirmation an das von mir genannte Beispiel mit dem gebrochenen Knöchel. Nicht die Verletzung selbst ist gutzuheißen, aber vielleicht hast du durch die Verletzung etwas Brauchbares gelernt? Dieses Prinzip lässt sich auf alle Herausforderungen und Ärgernisse des täglichen Lebens übertragen. Sei bitte immer auch dir selbst dankbar: Schließlich bist du die Person, die sich biegt, streckt und an all den Herausforderungen ständig wächst.

Übung 2: Wortgeschenke

Da Selbstbewusstsein wie ausführlich beschrieben nicht nur durch Selbstreflexion, sondern auch durch die Resonanz von außen konstituiert wird, kehre doch heute den Spieß einfach mal um! Schenke Selbstbewusstsein! Gib mindestens drei Menschen positive Resonanz. Einen Hinweis möchte ich vorwegschicken: Positive Bestärkung kann süchtig machen. Wenn du erst mal erlebt hast, wie einfach du mit ein paar wertschätzenden Worten Freude verbreiten kannst, ist es gut möglich, dass du gar nicht mehr damit aufhören willst. Die Langzeitfolgen dieser Verhaltensweise sind signifikant: Dadurch, dass du deinen Mitmenschen schöne Dinge sagst, hebt sich die Frequenz deiner Ausstrahlung. Du wirst insgesamt entspannter und fröhlicher in deiner Grundstimmung. Dadurch erhältst du immer öfter schöne Wortgeschenke von deinen Mitmenschen, wodurch sich dein Selbstbewusstsein weiter erhöht. Fang doch gleich damit an! Nur eine Sache ist wichtig: Bleib bitte ehrlich! Mach lieber ein Kompliment zu einer Kleinigkeit wie einem hübschen Armband, als dass du einer 60-jährigen Dame sagst, sie würde keinen Tag älter aussehen als 23. Schließlich soll das Kompliment glaubwürdig sein, um echte Freude bereiten zu können.

Übung 3: Schnappschuss

Zur Vorbereitung dieser Übung bitte ich dich, für eine kleine Dehnungsübung aufzustehen. Gehe in einen Schulterbreiten Stand und lasse die Arme locker hängen. Die Vorbereitungsübung heißt „Äpfel pflücken" und dies führst du bitte nun gedanklich aus, während du folgende Bewegung machst: Greife mit dem rechten Arm weit nach oben, so weit, bis die maximale Streckung erreicht ist und sich deine Ferse vom Boden löst, so dass du auf dem rechten Fußballen stehst. Wenn du dich maximal in die Länge gedehnt hast, greife mit der rechten Hand, als würdest du einen Apfel pflücken, ziehe den Arm zurück und rolle den Fuß ab. Wiederhole die Bewegung gleich auf der linken Seite. Komme in einen Fluss: strecken-pflücken-strecken-pflücken. Sowie der eine Arm pflückt, streckt sich der andere. Führe die Bewegung bitte 30-mal aus.

Diese Vorbereitungsübung mobilisiert die Schultergelenke, dehnt die Rückenstrecker und aktiviert die Wirbelsäule. Obendrein wird durch die Pflückbewegung unser Selbstbewusstsein gestärkt, da wir uns mit festem Griff etwas nehmen. Somit bist du für die eigentliche Übung gerüstet, die du unter Umständen als etwas herausfordernd empfinden könntest:

Suche bitte ein möglichst aktuelles Ganzkörperfoto von dir. Das sollte keine professionelle Aufnahme sein – irgendein Schnappschuss auf deinem Handy ist ganz optimal. Benenne nun spontan mindestens fünf Dinge, die du schön an dir findest. Du musst diese nicht aufschreiben, du musst sie nicht aussprechen, niemand wird dir also auf die Schliche kommen, wenn du dich ganz ungeniert großartig findest. Und noch eine Sache: Auch wenn du vielleicht ein schöner Mensch bist, es geht bei dieser

Übung nicht unbedingt um Schönheit. Die meisten von uns sehen auf Schnappschüssen nicht wie Supermodels aus – am allerwenigsten die Supermodels! Freunde dich daher einfach mit einer Alltagsaufnahme von dir an. Selbst wenn du auf dem Foto vielleicht gerade in ungünstiger Weise die Augen zukneifst, es geht nicht um die perfekte Aufnahme, sondern darum, welche Aspekte dir unter dieser weniger günstigen Bedingung ins Auge stechen. Was siehst du an dir? Wie ist deine Körperhaltung? Welche Farbe hat dein T-Shirt – hast du das gut ausgewählt? Magst du die Art, wie du amüsiert dreinschaust, weil sich dadurch dein Humor erzählt? Kritik ist ausnahmsweise nicht erlaubt! Richte den Fokus auf das, was an dir auf diesem Bild gerade alles schön ist. Das kann auch die Art sein, wie du jemandem den Arm um die Schultern legst. Ich bin sicher, dass du binnen kürzester Zeit mindestens fünf schöne Aspekte an dir entdeckt hast!

Übung 4: Der freundliche Spiegel

Mit dieser Übung führen wir den Gedanken der freundlichen Selbstwahrnehmung weiter und vereinen ihn mit der Affirmation: **„Ich finde das Gute im Schlechten."**

Nimm dir abends vor dem Schlafengehen Zeit für eine ausführliche Reflexion des Tages. Du kannst diese auch gerne im Bett in den Minuten bis zum Einschlafen durchführen. Oder vielleicht während eines entspannenden Bades. Frage dich bitte:

„Was habe ich heute gut gemacht?"

Nun zähle aber bitte nicht nur die offensichtlichen Dinge auf wie „Ich habe erfolgreich die Druckerpatrone gewechselt." oder „Ich habe einer alten Frau im Zug aufmerksam zugehört."

Bewerte jede einzelne Handlung, die du an diesem Tag gesetzt hast, in einem positiven Licht. Wenn du also das Gefühl hast, dass du mit deinem nervigen Arbeitskollegen ein bisschen ungeduldig warst, sage dir bitte: „Heute habe ich diesem Menschen eine Grenze aufgezeigt." Es geht nicht darum, dass du dir all deine Fehler schönredest. Aber jedes Ding hat nun einmal zwei Seiten. Und da du ein reflektierter Mensch bist, der an sich arbeitet, neigst du vermutlich dazu, dich ständig zu kritisieren. Selbstkritik ist gut, sollte aber nicht übertrieben werden. Deswegen übertreibe bitte diesmal schamlos in die andere Richtung, denn nur so kann ein Gleichgewicht hergestellt werden! Also frage dich an mindestens drei aufeinanderfolgenden Abenden: „Was habe ich heute gut gemacht?" und finde das Gute in deinen vermeintlich schlechten Handlungen.

Du hast nun die zweite Stufe durchschritten, die in vielfältigster Weise Anforderungen an dich gestellt hat. Ich danke dir für dein Durchhaltevermögen und den Mut, deine Sichtweise zu erweitern und hoffe, du konntest an den Übungen Freude finden. Nun bist du bereit, dich in deinem Selbstvertrauen zu verankern. Es freut mich sehr, dass du dich bis hierher durchgearbeitet hast. Die Stufen „Selbstakzeptanz" und „Selbstvertrauen" zu durchschreiten, war sicherlich sehr fordernd. Und auch die kommende Stufe wird dir vermutlich noch einiges an Mut abverlangen. Doch vielleicht zeigt deine bisherige harte Arbeit schon die ersten Früchte? Halten wir daher einmal kurz inne, bevor wir weitergehen:

- Kannst du schon irgendwelche Veränderungen in deinem Lebensalltag entdecken?

- Hast du vielleicht einmal in einer Situation gelassen reagiert, die dich früher aufgeregt oder verletzt hätte?
- Wie fühlt sich dein Gesicht an? Gelöster, verkrampfter oder wie immer?
- Wie ist deine Grundstimmung? Gereizter als sonst, fröhlicher oder wie früher?

Wenn dir jetzt spontan nichts Neues auffällt: keine Sorge! Häufig ist es so, dass wir die Prozesse nicht erkennen oder benennen können, während sie stattfinden. Erst im Rückblick wissen wir mehr. Solltest du aber zu dem Schluss kommen, dass du etwas gereizter und angespannter bist als früher, so wäre auch das völlig normal. Wenn man tief an sich und seinen Lebensthemen arbeitet, dann kommt es oft vor, dass man schlafende Hunde weckt. Weggepackte, verdrängte und wohlverstaute Frustrationen, Ängste und Mangelprogramme kommen an die Oberfläche, die uns erst einmal gehörig die Stimmung trüben können. Keine Sorge, das geht vorbei! Erinnere dich bitte daran, was ich dir im ersten Kapitel zum Thema Emotionen gesagt habe: Schaue hin und lass die Emotion einfach durch dich hindurch gehen. Versuche nicht, dich selbst künstlich aufzuheitern! Die schlechte Stimmung geht allein vorbei, wenn du nur geduldig und behutsam mit dir umgehst. Sei also bitte gut zu dir. Behandele dich mit derselben liebevollen Zuwendung, mit der du ein kleines Kind behandeln würdest. Denn auch du bist kostbares neues Leben, das sich einen Weg in die Welt bahnt. Es ist dein wahres Selbst, dass bald das Licht der Welt erblicken wird. Dies ist ein bedeutsamer und heikler Prozess, der viel liebevolle Führung braucht. Wann immer du bemerkst, dass du gerade angespannt bist, zeige dir und deinem Weg Anerkennung! Diese schlechte Stimmung, diese schmerzhafte Emotion, werden dich bald verlassen. Hole dir, wenn möglich, Unterstützung in deinem sozialen Umfeld. Rede über die Themen, die ans Tageslicht kommen, die Tendenzen, die du an dir beobachtest und den Prozess der Veränderung, den du gerade durchläufst. Doch eine Warnung gebe ich dir mit auf den Weg: Wende dich wirklich nur an Menschen, die in der Lage sind, diese Art von Selbstentwicklung zu verstehen. Das Letzte, was man in einer solch intensiven Phase brauchen kann, ist von einer nahestehenden Person ausgelacht zu werden. Wenn du also gerade keinen Menschen in deinem Leben hast, der solche Dinge versteht, so ist es sicherlich besser, zu schweigen oder die inneren Prozesse einem Tagebuch anzuvertrauen. Leider ist es so, dass ein Großteil der Menschen auf einer eher oberflächlichen Ebene existiert. Um zu seinem wahren Selbst zu gelangen, muss man sich in die Tiefe begeben. Dazu sind sehr viele Menschen (noch) nicht bereit. Du aber schon! Sollte sich also bei dir eine kleine Krise einstellen, hilf dir mit den Übungen aus Kapitel 1! Mache eine der kurzen Gymnastikübungen, um deinem Körper zu helfen, die Emotion schneller loszulassen und wiederhole die Affirmation! Du hast die Kraft und Ausdauer, alle Schwierigkeiten zu überwinden. Gehe mutig weiter und habe Vertrauen, dass sich alles Unangenehme legen wird. Das Stichwort „Vertrauen“ führt uns auch schon zur nächsten Stufe.

KAPITEL 3

Der Zement – Selbstvertrauen

Unsere Reise führt uns nun tief in das Thema „Vertrauen" hinein. Wahrscheinlich hast du schon bemerkt, dass die Begriffe „Selbstbewusstsein" und „Selbstvertrauen" oftmals synonym verwendet werden. Die Alltagssprache neigt dazu, die Bedeutung von Begriffen zu verschleifen. Strebt man jedoch nach Erkenntnis, ist es wichtig, auch Klarheit in die Bedeutungszuweisung zu bringen und genau zu wissen, was man eigentlich wirklich meint, wenn man sich mancher Ausdrücke bedient. Tatsächlich sind die Begriffe „Selbstbewusstsein" und „Selbstvertrauen" eng verwandt, das eine resultiert jedoch aus dem anderen! Es ist Voraussetzung, ein Bewusstsein für die eigenen Fähigkeiten zu entwickeln, damit man in einem weiteren Schritt lernt, sich auf sich selbst zu verlassen. Das heißt, wer sein Selbstvertrauen verbessern will, muss erst an seinem Selbstbewusstsein arbeiten. Dies haben wir bereits getan und so können wir den Begriff des Vertrauens näher unter die Lupe nehmen:

Wer Vertrauen hat, der traut sich auch etwas. Das Wort „trauen" ist mit der Wortsippe „treu" eng verwandt und umfasst in seiner Ausgangsbedeutung die Begriffe: „fest, sicher sein, vertrauen" sowie „hoffen, glauben und wagen".[14]

---

[14]Kluge, Friedrich: Etymologisches Wörterbuch der deutschen Sprache, 24. Aufl., Berlin: De Gruyter, 2002.

Wer sich also selbst vertraut, ist sich im weiteren Sinne des Wortes auch selbst treu. Sich selbst treu sein, kann nur der, der sich selbst akzeptiert. Daran hast du bereits in der ersten Stufe unserer Reise konsequent gearbeitet, und ich möchte dir an dieser Stelle ein Zitat des deutschen Dichters Friedrich Hebbel zur Bestätigung deiner einmaligen Persönlichkeit mit auf den Weg geben: „Jedenfalls ist es besser, ein eckiges Etwas zu sein als ein rundes Nichts.“

Du bist in deiner ganzen Eckigkeit ein wunderbarer Beitrag für die Welt, ich würde mich sehr freuen, wenn du im Zuge dieses Kapitels Vertrauen in deine wertvolle Einmaligkeit entwickelst, lernst, dieser bedingungslos treu zu sein, um so auch dein Umfeld zu stärken. Denn ein Mensch, der sich selbst vertraut, ist eher bereit, Vertrauen zu schenken, was wiederum die anderen bestärkt. Durch gegenseitiges Vertrauen wachsen haltgebende soziale Strukturen. Dies bestätigt der österreichische Psychologe und Neurowissenschaftler Niels Bierbaumer in folgendem Zitat:

„Es gibt nichts Mächtigeres als Vertrauen, nichts, was mehr zu Harmonie beiträgt. Fehlt es, so zerfällt jede Familie und Freundschaft, jedes Unternehmen und jeder Staat.“[15]

Vertrauen ist also nicht nur ein nettes Gefühl, es ist von alles durchdringender Bedeutung. Es ist der Zement, der – zumindest die menschengeschaffene – Welt im Innersten zusammenhält. Tatsächlich funktionieren sämtliche lebenswerten Konstrukte

---

[15]Bierbaumer, Niels: Geo Wissen 59/2017 – Die Kunst zu streiten: Wie wir Konflikte besser bewältigen – und warum Harmonie nicht immer gut ist, Gruner + Jahr, 2017.

nur, wenn Vertrauen vorhanden ist. Man kann also verkürzt zu folgender Aussage kommen: Leben ohne Vertrauen ist nicht möglich. Daher ist auch gesundes, lebenswertes Leben ohne Selbstvertrauen ein Ding der Unmöglichkeit. Denn wie bei der Konstruktion von Selbstbewusstsein ist es auch beim Selbstvertrauen so, dass es in einer Wechselwirkung von Außenwelt und innerem Erleben gebildet wird. Man kann schwer ein vertrauensvoller Mensch sein, wenn man in einem Umfeld voller Misstrauen existiert. Im umgekehrten Fall wird einem Menschen ohne Selbstvertrauen die Welt wie ein feindlicher Ort vorkommen, in der permanent scheinbar unüberwindbare Hindernisse und Hürden lauern. Die gute Nachricht ist, dass Vertrauen entwickelt und Misstrauen überwunden werden kann!

Sehen wir uns jedoch zuvor in einem ersten Schritt an, wie Vertrauen überhaupt gebildet wird:

Welches Bild erscheint vor deinem inneren Auge, wenn ich dich nun bitte, an ein Kleinkind zu denken? Siehst du ein quietschvergnügtes Geschöpf vor dir, das auf stämmigen Beinchen über den Spielplatz läuft und sich mit einem Freudenschrei, ohne zu zögern, vom Klettergerüst in deine Arme stürzt, weil es weiß, dass es aufgefangen wird? Das wäre ein ideales Bild, denn ein Kind, das sich so verhält, ist voller Vertrauen, da es sicher ist, dass es sich auf seine Bezugspersonen verlassen kann. Die meisten Eltern geben ihren Kindern instinktiv, was diese brauchen, um das sogenannte Urvertrauen zu entwickeln: Sie halten in den ersten Lebensmonaten engen Körperkontakt und versorgen das Kind rund um die Uhr, wofür sie nicht selten eigene Bedürfnisse hintanstellen müssen. Für ein solches elterliches Verhalten gibt es nur einen Grund: bedingungslose Liebe. Ist der Mensch in seinen ersten

Lebensjahren in dieser bedingungslosen Liebe geborgen, so entwickelt er ein solides Grundvertrauen in sich und die Welt. Fehlt diese, ist der Mensch voller Misstrauen und Unsicherheiten. In schlimmeren Fällen der Vernachlässigung wird das Kind noch drastischere Folgen wie Entwicklungsverzögerungen und Traumata davontragen. Auch die Psychologin und Psychotherapeutin Verena Kast sieht die Ausgangsbasis für ein gesundes Selbstvertrauen im kindlichen Erfahrungsschatz. Sie schreibt zum Thema Vertrauen, Selbstvertrauen und Selbstwirksamkeit: „Das Kind hat Vertrauen zu den Eltern, die Eltern haben Vertrauen in das Kind: Das wechselseitige Vertrauen führt auch zu Selbstvertrauen, und zwar umso mehr, wenn dieses Vertrauen generalisiert und auch auf andere Menschen und die Lebenswelt ausgeweitet wird.“ [16] Kast zufolge bedingen Vertrauen und Selbstvertrauen einander und würden in weiterer Folge zu einem Erleben von Selbstwirksamkeit führen: „Mit anderen zusammen kann man erfahren, dass man etwas bewirken kann. […] Diese Erfahrung hebt das Selbstvertrauen und auch das Selbstwertgefühl.“[17] Selbstvertrauen ist also nicht nur das Produkt positiver frühkindlicher Erlebnisse, es speist sich auch laufend aus der Erfahrung, dass das eigene Handeln eine Auswirkung hat. Kast verwendet in diesem Zusammenhang den Begriff „Selbstwirksamkeit“ und diese ist auch in der Tat von zentraler Bedeutung für die Konstruktion und den Erhalt von Selbstvertrauen. Dies erschließt sich auch aus der Definition von

---

[16]Kast, Verena: Vertrauen braucht Mut. Was Zusammenhalt gibt, 2. Aufl., Ostfildern: Patmos Verlag, 2022.

[17]Kast, Verena: Vertrauen braucht Mut. Was Zusammenhalt gibt, 2. Aufl., Ostfildern: Patmos Verlag, 2022.

Selbstvertrauen des Dorsch-Lexikons der Psychologie, welche Selbstvertrauen als Selbstwirksamkeitserwartung beschreibt, und in weiterer Folge sagt: „Selbstvertrauen bezeichnet das Gefühl, mit möglichen Schwierigkeiten fertig werden zu können und durch eigene Kraft etwas zu schaffen.“[18]

Selbstvertrauen ist also der Glaube an die eigene Kraft. Erst durch diesen Glauben trauen wir uns, ins Handeln zu kommen. Kast zufolge entwickelt sich unser Selbstvertrauen umso mehr, je mehr wir uns trauen, je mehr wir wagen. Bemerkenswert ist an dieser Stelle, dass das Wagnis, der Psychologin zufolge, nicht unbedingt gelingen muss, um eine positive Auswirkung auf unser Selbstbild zu haben: „Zu spüren, dass man sich traut, etwas anzugehen, was uns auch noch herausfordert, was aber Sinn macht, ungeachtet dessen, wie es ausgeht, stärkt das Selbstwertgefühl“, erklärt die Psychologin und bestätigt, dass ein Mangel an bedingungsloser Liebe und vertrauensvoller Beziehungen in einer frühen Lebensphase die Entwicklung von Selbstvertrauen hemmt: „Ein Kind, dass nur dann geliebt wird, wenn es alles richtig macht, wird im Explorieren gehemmt sein, kann schlechter vertrauen und Selbstvertrauen ausbilden. Dennoch: Es ist erstaunlich, wie Menschen Erfahrungen, die ihnen in ihrer Entwicklung gefehlt haben, heute suchen und auch in anderen Beziehungen finden können.“[19]

---

[18] Selbstvertrauen: in: Dorsch Hogrefe, o. D., https://dorsch.hogrefe.com/stichwort/selbstvertrauen (abgerufen am 09.06.2024).

[19]Kast, Verena: Vertrauen braucht Mut. Was Zusammenhalt gibt, 2. Aufl., Ostfildern: Patmos Verlag, 2022.

Die Folgen solcher frühkindlichen Prägungen sind für das weitere Leben unter Umständen also zwar schwerwiegend, sie sind jedoch glücklicherweise nicht irreversibel. Der erwachsene Mensch kann immer und zu jeder Zeit Handlungen setzen, die das Vertrauen ins eigene Selbst, in die eigenen Stärken bekräftigen. Leider gilt aber auch der umgekehrte Fall: Unser Vertrauen kann zu jedem Zeitpunkt in unserem Leben geschwächt werden. Im Grunde ist das unausweichlich, denn das Leben präsentiert allen von uns auch schlechte Erfahrungen. Wir sind im Laufe unseres Lebens mehr als einmal mit Menschen konfrontiert, die unsere Erwartungen enttäuschen, die uns manches Mal sogar vorsätzlich verraten. Da haben wir auch schon die natürlichen Fressfeinde des Vertrauens: Enttäuschung und Verrat. Kein Leben kommt ohne diese schmerzlichen Erfahrungen aus. Dem kann jedoch durch positiv gelagerte Erfahrungen entgegengewirkt werden. Beschädigtes Vertrauen kann gezielt wiederhergestellt werden. Man muss nur das Heilmittel kennen. Was ist also das Gegenteil von Enttäuschung? Ich würde sagen: Glück. Und was ist das Gegenteil von Verrat? Richtig: Treue. Das führt uns wieder zum Selbstvertrauen. Wenn du dir selbst treu bist, dann baust du weiter Selbstvertrauen auf. Und da du nicht nur deines Glückes Schmied in den großen Dingen bist, sondern auch in den vielen kleinen potenziell glückbringenden Alltagsmomenten, hast du auch schon das zweite Gegenmittel in der Hand: Vergegenwärtige dir so oft wie möglich die glücklichen Momente in deinem Leben. Durch die Dankbarkeitsübung aus dem zweiten Kapitel solltest du hierfür schon optimal vorbereitet sein. Denn Dankbarkeit ist der Schlüssel zum Glück. Es braucht nur ein bisschen Übung, diese in sein Denken zu integrieren. Was das angeht, bist du also bereits auf dem richtigen Weg.

Nun wollen wir in einem weiteren Schritt herausfinden, wie es um dein Selbstvertrauen bestellt ist. Hierfür kann man sich leider nicht einfach in einen Computertomographen legen, um den Grad seines Vertrauens messen zu lassen. Bierbaumer beschreibt die Schwierigkeit, einen verlässlichen Referenzrahmen für Vertrauen zu konstruieren oder dieses in irgendeiner Form zu messen, folgendermaßen: „Wenn man einen Neurowissenschaftler fragen würde, wo denn der Sitz des Vertrauens ist, brächte man ihn in Schwierigkeiten. Was im Fall von „Liebe", „Angst", oder „Glück" so gut zu funktionieren scheint […] misslingt im Fall des Vertrauens gänzlich. […] Denn die beeindruckenden bildgebenden Verfahren erklären nicht, was diesen Lichtblitzen wirklich zugrunde liegt, was sie bedeuten und wie sie mit den anderen, darstellbaren Hirnaktivitäten verbunden sind."[20]

Vertrauen ist also zwar wie Liebe oder Angst durchaus ein Gefühl, doch anders als bei den Letzteren gibt es hier offenbar kein zuordenbares Hirnareal. Es ist also ausgesprochen schwierig, Vertrauen auf wissenschaftlicher Basis zu messen. Dennoch ist Vertrauen so ein lebensbestimmendes Element, dass man gut daran tut, eine Bestandsaufnahme durchzuführen und sich anzusehen, wie es eigentlich wirklich um das eigene Vertrauen bestellt ist. Aus diesem Grund habe ich einen kurzen Fragebogen zum Thema Selbstvertrauen für dich erstellt, der dir mit einfachen

[20]Bierbaumer, Niels/Wertheimer, Jürgen: Vertrauen. Ein riskantes Gefühl, Salzburg: Ecowin, 2016.

Ja/Nein-Antworten die Möglichkeit gibt, dir ein Bild von deinem Vertrauensindex zu machen.

Eine Information möchte ich vorwegschicken: Wie bereits beschrieben, sind Selbstvertrauen und Vertrauen nicht voneinander zu trennen, weil Selbstvertrauen immer auf die Außenwelt projiziert wird, was sowohl die Wahrnehmung der Außenwelt als auch die Art von Menschen, die man in sein Umfeld zieht, beeinflusst. Daher habe ich mir erlaubt, in dem folgenden Mini-Fragebogen querbeet alle Bereiche zum Thema „Vertrauen" abzufragen.

Machen wir nun also eine kleine Bestandsaufnahme, in dem Versuch, deinen Vertrauensindex zu messen. Dies geschieht in spielerischer Weise in vollem Wissen, dass wir es hier mit keiner messbaren, quantifizierbaren Größe zu tun haben.

Bitte nimm dir nun ein Blatt Papier zur Hand und notiere, ob du die jeweilige Frage eher mit „Ja" oder „Nein" beantworten würdest. Überlege dabei nicht lange, sondern antworte einfach ganz spontan:

1. Schwierigkeiten und Probleme kann ich in der Regel gut meistern.

2. Das Leben meint es gut mit mir.

3. Ich habe ein verlässliches soziales Umfeld.

4. Unbekannte Situationen schüchtern mich in der Regel nicht ein.

5. Ich traue es mir zu, neue Fähigkeiten zu erlernen.

6. Ich bin ein Mensch, auf den man sich verlassen kann.

7. Meine Zukunft sehe ich zum überwiegenden Teil positiv.

8. Ich habe besondere Talente.

9. Mit Kränkungen werde ich schnell fertig.

10. Im Großen und Ganzen bin ich in Ordnung.

Wie viele Fragen konntest du mit „Ja" beantworten? Eine oder doch die Hälfte? Natürlich wirst du bemerkt haben: Je mehr Fragen du spontan mit „Ja" beantworten konntest, desto mehr Vertrauen, vertrauenswürdige Personen und damit auch Selbstvertrauen hast du. Doch keine Sorge, dies ist kein Test, bei dem du durchfallen kannst. Da Vertrauen wie erwähnt keine quantifizierbare Größe ist, kann man sich hier auch keine Bewertung deines Ergebnisses anmaßen. Außerdem bist du heute und jetzt, wer du bist, und diesen Zustand gilt es zu würdigen. Selbst wenn du alle Fragen mit „Nein" beantwortet hast: Lobe dich für deine Ehrlichkeit, denn das ist das Einzige, worauf es bei dieser kleinen Bestandsaufnahme ankommt. Du bist hier, um dich zu entwickeln. Soeben hast du den nächsten Schritt getan, auch wenn es sich vielleicht gerade nicht so anfühlt. Dafür hast du meine Anerkennung.

Für den nicht allzu wahrscheinlichen Fall, dass du alle 10 Fragen mit „Ja" beantwortet hast: Du bist ein Wunder der Natur und brauchst dieses Buch nicht. Bitte schreibe selbst eins, um uns zu sagen, wie man in diesen durch und durch paradiesischen Zustand gelangt.

Unabhängig davon wie viele oder wenige Fragen du mit „Nein" beantwortet hast: Wir alle haben Situationen erlebt, die unser Selbstvertrauen unterminiert haben. Durch Erkenntnis können wir die negative Auswirkung dieser Erfahrung langsam wandeln. Ebenso können wir alle gezielt durch Beobachtung unserer Kommunikationsmuster und Optimierung von

Gewohnheiten unser Selbstvertrauen entwickeln. Dies wollen wir im folgenden Übungsteil nun in Angriff nehmen:

Übung 1: Verrat transformieren

Im Zuge unserer ersten Übung wollen wir Situationen näher beleuchten, die zu einem Vertrauensverlust geführt haben. Diese Übung ist in drei Teile geteilt. Du kannst an drei aufeinander folgenden Tagen je einen Abschnitt durchführen. Es kann auch mehr als ein Tag zwischen den einzelnen Teilen vergehen. Versuche aber bitte, die gesamte Übung binnen einer Woche zu absolvieren, damit du auch wirklich den Prozess konsequent weiter vorantreibst. Solltest du genug Zeit haben und in Fluss geraten, kannst du natürlich auch alle drei Teile auf einmal bearbeiten. Nimm ein loses Blatt Papier zur Hand, damit wir uns dem ersten Abschnitt der Übung widmen können:

Teil 1:

Beschreibe eine Situation, in der du dich verraten gefühlt hast.

Wer war der Mensch, der den Verrat verübt hat?

Was hat er dir vor dem Verrat bedeutet?

Wie hat sich deinem Verhältnis zu diesem Menschen durch seinen Verrat, seine Kränkung verändert?

Was hat das Erkennen des Verrats in dir ausgelöst?

Wie fühlst du dich heute, wenn du daran denkst?

Bitte versuche, bei der Beantwortung der Fragen möglichst genau ins Detail zu gehen. Schreibe fließend, ohne abzusetzen. Du musst dabei keinen kohärenten, druckfertigen Text verfassen.

Im Gegenteil. Es geht darum, in den Fluss zu kommen. Wenn du also an manchen Stellen nur Stichworte aneinanderreihst, ist das völlig in Ordnung. Vor deinem inneren Auge sollte dabei das Bild der Situation möglichst genau entstehen. Hebe das Papier für den 2. Teil der Übung auf.

Teil 2:

Jetzt wird abgerechnet. Schreibe der Person, die dich gekränkt hat, einen Brief. Schreibe diesen auf ein separates Blatt Papier. Schreibe schonungslos alles auf, was du insgeheim von dieser Person hältst. Schreibe, welche verheerende Wirkung dieses Verhalten auf dich hatte. Scheu dich nicht, deine Verletztheit klar in Worte zu fassen, denn diesen Brief wird niemand jemals lesen. Wenn du mit dem Verfassen des Schreibens fertig bist, gehe bitte ins Badezimmer und erfrische dir das Gesicht mit etwas Wasser. Ich würde kaltes Wasser empfehlen, allerdings nur, wenn das für dich angenehm ist. Ansonsten lass dir gerne warmes Wasser übers Gesicht laufen. Nimm eine deiner noch feuchten Hände und streiche dir damit über den Scheitel. Trinke im Anschluss ein Glas Wasser. Dann gehe bitte wieder zurück zu deinem Brief und dem Geschriebenen von Teil 1. Lies beide Teile nochmals aufmerksam durch! Dann zerreiße diese in kleine Fetzen und wirf sie in den Papiermüll. Sprich dabei folgende Worte: „Ich schicke alles Negative zum Absender zurück."

Teil 3:

Im dritten Teil der Übung wandeln wir die erlittene Verletzung in liebevolle Zuwendung. Bitte schreibe dir dafür selbst einen Brief. Nimm dabei die Rolle einer engen Freundin oder eines Freundes ein, der von der schwierigen Situation

Kenntnis hat. Denn dies ist eine Tatsache: Du bist selbst dein bester Freund. Auch wenn ich dir viele aufrichtige, verlässliche Freunde in deinem Leben wünsche, so bist du doch der Freund, der im wahrsten Sinne des Wortes immer für dich da ist. Behandle dich also auch wie einen Freund und schreib dir selbst, was du einem Freund, einer Freundin, die diesen Verrat erlebt hat, sagen würdest. Schreibe, wie du die Situation einschätzt und schicke dir dabei tröstende Worte. Versichere dich in diesem Schreiben deiner bedingungslosen Loyalität.

Wenn du mit dem Schreiben dieses Briefes fertig bist, dann streiche dir mit den Handflächen vom Kinn ausgehend über das Gesicht bis zum Scheitel und führe dann die Hände über die Schläfen zum Kinn zurück. Wiederhole diese Bewegung drei Mal. Gehe im Anschluss in die Küche und holen dir etwas Gutes zu Trinken. Worauf hast du Lust? Tee mit Honig, Kakao, Limonade, oder einfach ein Glas Wasser? Alles ist erlaubt, Hauptsache, du fühlst dich wohl. Mach es dir nun mit deinem Getränk gemütlich und lies den Brief noch einmal. Trage den Brief die nächsten Tage bei dir und lies ihn, sooft du möchtest.

Übung 2: Sprache beobachten

Sprache besitzt große Macht. Sowohl wenn man sie spricht als auch wenn man sie hört. Deswegen ist es wichtig, sich vor Augen zu führen, welche sprachlichen Gewohnheiten man eigentlich hat. Denn diese können großen Einfluss auf unser Selbstvertrauen haben. Richte also bitte in den folgenden Tagen deine Aufmerksamkeit während deines Lebensalltages immer wieder auf folgende zwei Punkte:

Welche Wörter nutzt du besonders häufig?

Wie sprichst du über dich selbst?

Vielleicht hast du in dieser Selbstbeobachtungsübung bemerkt, dass du häufiger in scherzhaftem Ton Dinge über dich sagst wie: „Ich bin ja so blöd!“, „Meine Güte, ich bin ja so ein Trottel!“ oder „Meine Zerstreutheit ist eine Katastrophe, ich glaube, ich werde langsam dement.“ Wie häufig tätigst du solche oder ähnlich geartete Aussagen über dich selbst? Viele tun dies mehrmals täglich. Ich habe eine Bitte an dich: Vermeide solche Aussagen, denn auch wenn sie scheinbar scherzhaft gemeint sind, so stellen sie doch eine permanente Abwertung der eigenen Person dar, die dem Selbstvertrauen unweigerlich Schaden zufügt. Wir alle verstehen manchmal etwas nicht gleich, sind vergesslich oder tollpatschig. Wir sind aber zur gleichen Zeit auch schlagfertig, fleißig, liebenswert … Diese Aufzählung könnte man endlos weiterführen. Der springende Punkt ist: Viele Menschen sagen sich drei Mal am Tag: „Mein Gott, ich bin so blöd.“ Sie sagen sich aber niemals: „Mein Gott, ich bin wirklich toll.“ Ich finde, wer A sagt, muss auch B sagen ...

Übung 3: Haltung annehmen

Bitte führe mit mir ein kurzes Experiment durch: Schlage die Hände vors Gesicht und lass den Kopf hängen. Wie fühlt sich das an? Weniger gut? Kann ich mir denken, denn das ist eine typische Geste der Verzweiflung. Das weiß unser psychomotorisches Gedächtnis und daher kann man sich in dieser Körperhaltung unmöglich wohl fühlen. Unsere Körperhaltung hat also unmittelbar Auswirkung darauf, wie wir uns fühlen. Da wir allesamt viel Zeit vor Smartphones und Laptops verbringen, ist der Rundrücken Standard geworden. Es ist ratsam, dieser Tendenz entgegenzuwirken, denn nur eine aufrechte Körperhaltung signalisiert dem eigenen Ich Selbstvertrauen: Das Herz ist weit und wird der Welt offen präsentiert, man nimmt sich Raum und erlaubt es sich, präsent zu sein. Eine gesunde, aufrechte Haltung erreicht man nicht in drei Tagen. Sie ist vielmehr das Resultat von konsequentem, lebenslangem Training. Man kann sich jedoch schon mit einer kleinen Übung zwischendurch helfen. Diese Übung möchte ich dir nun ans Herz legen:

Stehe etwa hüftbreit und lege deine Hände auf die Schultern. Vollführe nun mit den Ellbogen einen großen Kreis: über vorne, nach oben, nach hinten. Wenn du die Ellbogen hinten nach unten führst, sollten sich die Schulterblätter leicht berühren. Kreise 10-mal in äußerst langsamem Tempo. Wenn du bei der 10. Wiederholung an jenem Punkt angelangt bist, an dem sich deine Schultern berühren, lasse die Arme bitte nach unten fallen. Die Schulterblätter sollten wieder auseinandergehen. Idealerweise jedoch bleibt dein Brustbein leicht angehoben und dein Nacken lang. Die Schultern sind weit weg von den Ohren. Atme tief in diese Haltung hinein. Erlaube, dass dein Atem mit jedem Zug mehr Raum nimmt. Vielleicht bewegt er sogar deine Rippen und dehnt den Brustkorb?

Mache diese Übung zu deinem Wegbegleiter. Sie ist einfach und hilft in effizienter Weise, die Brust- und Halswirbelsäule wieder aufzurichten.

Übung 4: Pendeln

Schließen wir die 3. Stufe mit einer kurzen Wahrnehmungsübung ab.

Stelle dich bitte aufrecht hin. Die Füße sind so eng aneinandergestellt, dass sich die Knöchel berühren. Komme zur Ruhe! Verweile in dieser Position für ein paar Atemzüge und schließe die Augen! Dann denke an eine sachte Pendelbewegung. Dein Körper schwankt ganz leicht von rechts nach links. Nach einer Weile kommst du wieder zur Ruhe. Anschließend denkst du an eine leichte Pendelbewegung vor und zurück. Komme im Anschluss wieder zurück zur Mitte!

Diese Übung schenkt uns nicht nur unmittelbar Ruhe und erlaubt uns, unsere Selbstwahrnehmung zu entwickeln, sie bringt uns auch zur folgenden Erkenntnis:

Was wir denken, passiert.

Danke, dass du auch die dritte Stufe mutig durchschritten hast. Es ist eine Freude, dich auf diesem Weg zu begleiten. Die nächste Stufe sollte für dich ein Kinderspiel sein und dies teilweise im wahrsten Sinne des Wortes. Ich wünsche dir viel Freude beim Erkunden und Experimentieren mit dem Selbstausdruck.

KAPITEL 4

Die Verzierung – Selbstausdruck

Du hast dich nun in Selbstakzeptanz geübt, auf dieser Basis Selbstbewusstsein entwickelt und bist gerade frisch in die Welt des Selbstvertrauens eingetaucht. Aller Wahrscheinlichkeit nach bist du auf diesem erlebnisintensiven Weg schon zur Erkenntnis gelangt, dass alle diese Stufen sich gegenseitig beeinflussen und bereichern. Das heißt, wenn du die dritte Stufe durchgearbeitet hast, dann wird es dir vielleicht auf einmal leichter fallen, eine bestimmte Eigenschaft an dir zu akzeptieren, was dir vor ein paar Wochen so noch nicht gelungen wäre. Du bist somit auf Stufe 1 einen großen Schritt weitergekommen, was dir ohne die Arbeit in Stufe 3 in dieser Form nicht gelungen wäre. Es ist also von großer Wichtigkeit, die einzelnen Stufen nicht als in sich abgeschlossene Prozesse zu betrachten, sondern als Hilfestellung zu einem groß angelegten Entwicklungsprozess, den wir zwar stufenweise in zeitlich linearer Abfolge durchschreiten, in welchem aber immer gleichzeitig jede einzelne Stufe auf alle anderen Einfluss übt.

Die 4. Stufe – der Weg zum authentischen Selbstausdruck – wird wie ein Turbo auf deinen bereits im Fluss befindlichen Entwicklungsprozess wirken. Du wirst auf allen bereits bearbeiteten Stufen große Fortschritte machen und dies hoffentlich mit großer Leichtigkeit! Denn der schwerste Teil des Weges ist geschafft. Die Stufen 1–3 waren die Pflicht, jetzt kommt die Kür! Der Ernst des Lebens ist bewältigt: Du hast alte Wunden aufgerissen, dein Selbstbild in Frage gestellt und vielleicht sogar auseinandergenommen. Jetzt kommen wir zum spielerischen Teil. Während dieses Spiels wird sich langsam – Puzzleteil für Puzzleteil – dein neues Selbst zusammensetzen. Wichtig ist, dass dies aus einer liebevollen, leichten Grundenergie des Spielens heraus geschieht. Denn nur dann wird dein wahrhaft authentisches Selbst endlich erneut das Licht der Welt erblicken. Ich schreibe „erneut", denn wir waren alle in den frühesten Tagen unserer Kindheit unser reinstes, authentisches Selbst. Dieses Selbst hat große Entwicklungen durchlaufen. Der Intellekt, ein durchaus nützliches Instrument, das aber zur Dominanz und Unterdrückung anderer, lebenswerter Instanzen im menschlichen Bewusstsein neigt, hat sich entwickelt. Häufig führt die Entwicklung des Intellekts zu einem Ungleichgewicht im menschlichen Geist. Insbesondere, wenn diese Entwicklung in der westlichen Welt vonstatten gegangen ist, wo Intelligenz über alles gestellt wird. Wobei mit Intelligenz üblicherweise nur Logik und Ratio gemeint ist und völlig ausgeblendet wird, dass es auch so etwas wie emotionale und soziale Intelligenz gibt, die mindestens ebenso wichtig für das Funktionieren einer Gesellschaft und für ein gelungenes Leben sind. Die Überbetonung der Vernunft in der Erziehung ist also ein großes Problem für das authentische Selbst. Ein anderes Problem ist, dass wir nicht immer Kind bleiben können. Wir müssen tatsächlich Verantwortung übernehmen, in den sauren Apfel beißen und Aufgaben erledigen, die uns eigentlich nicht interessieren sowie am laufenden Band Lösungen für immer neue Probleme finden. Das ist nicht lustig. Kind sein aber auch nicht. Nur sind Kinder eben in ihrem Kopf nicht „fertig" mit sich und der Welt. Sie sind im Werden und dieses Werden wird von der Kraft des Spiels vorangetrieben. Man hört und liest viel vom sogenannten „inneren Kind", welches wir alle immer noch in uns tragen. Es wird darüber geschrieben, wie verletzt unser inneres Kind ist, dass es Heilung finden müsse und unseres Schutzes bedarf. Das ist sicherlich alles richtig und trifft so auch auf die meisten Menschen zu. Wir sollten uns bei der Thematik „inneres Kind" jedoch zusätzlich eine ganz wesentliche Komponente vor Augen führen: Ja, Kinder sind schutzbedürftig, dies bedeutet jedoch längst nicht, dass sie schwach sind. Im Gegenteil, ein Kind fällt 1.000-mal hin, steht unermüdlich auf, probiert aus, scheitert und wächst in einem nächsten Schritt über sich hinaus. Und das jeden einzelnen Tag. Woher nimmt es die Kraft dazu? Aus seinem Spieltrieb. Es ist nicht der Intellekt, der dem Kind sagt: „Jetzt reiß dich gefälligst zusammen und lern endlich laufen!" Es ist die natürliche Lust des Kindes, die Welt zu begreifen, ein Teil davon zu sein und sich in diese einzubringen. Kurz zusammengefasst bedeutet das: Es ist die Lust zum Selbstausdruck, die die ungeheure Kraft zur Lebensbewältigung entfesselt. Leben bedeutet für das menschliche Individuum, sich in diese Welt einzubringen, sich in ihr auszudrücken. In der Resonanz auf seinen Selbstausdruck erkennt sich der Mensch und sein Selbstbild formt sich. Diesen Mechanismus haben wir bereits auf Stufe 2 beschrieben und aufgezeigt, wie man ihn bewusst positiv beeinflussen kann. Für unsere aktuelle Entwicklungsstufe bedeutet dieser Mechanismus der Reziprozität: Selbstwahrnehmung geschieht durch Selbstausdruck. Eine besondere Bedeutung kommt hier der Haptik, also dem Tastsinn, zu. Dies zeigt sich wieder beim kleinen Kind: Es gibt kaum etwas, das vor seinen neugierig tastenden Händchen sicher ist. Aber auch wir Erwachsenen haben Lust daran, Dinge anzugreifen, um sie zu begreifen. Schlussendlich begreifen wir bis ins

Erwachsenenalter die Welt über unsere Hände und können zudem in ihr weit unauffälliger, sozusagen nebenbei und daher auch am laufenden Band, einen Eindruck hinterlassen, als dies beispielsweise mit der Stimme der Fall ist. Oder was tust du, wenn du im Laden etwas siehst, was dir gefällt? Du greifst danach. Die Kunsttherapeutinnen Marie-Luise Geiss und Anna Dorothea Brockmann beschreiben dieses Wechselspiel folgendermaßen: „Was ich berühre, berührt mich, was ich bewege, bewegt mich, wonach ich greife, das ergreift mich.“[21] Für die Kunsttherapeutinnen sind die Hände der Schlüssel zur Beziehung mit der Welt und daher auch das Instrument, mittels dessen der Mensch sich selbst erfährt: „Die Hände „begehren“ Begegnung und damit Beziehung, sie wollen und suchen Begegnung und Berührung. Sie teilen dieses Begehren der Umwelt mit und sind dabei begierig, Welterfahrungen zu erwerben. Hände suchen mit ihrem taktilen Kontakt und ihren motorischen Impulsen nach Anregungen und Antworten für ihre vitalen Bedürfnisse. Sie sind immer auf Neues aus. Sie fragen gleichsam die Gegenstände, was sie dem haptischen Sinn hier und jetzt zu bieten haben, wie sie das haptische Empfinden ansprechen und zu eigenen Impulsen anregen können. Die Hände entwickeln aus diesen Anregungen ihre Dynamik im Umgang mit der Umwelt [...]. Das haptische Geschehen ist eine wesentliche, weil bewegende und Gestalt bildende Grundlage allen Handelns und aller Beziehung.“[22] Diese Ausführung zeigt uns, dass wir mit einem Griff nicht nur die Welt

[21] Brockmann, Anna Dorothea/Geiß, Marie Luise: Sprechende Hände: Haptik und haptischer Sinn als Entwicklungspotential, Westarp BoD, 2011.

[22] Brockmann, Anna Dorothea/Geiß, Marie Luise: Sprechende Hände: Haptik und haptischer Sinn als Entwicklungspotential, Westarp BoD, 2011.

begreifen, sondern uns auch in diese einbringen. Ein Griff ist also schon Selbstausdruck. Genauso wie ein Blick, eine Bewegung, oder die gesamte Körperhaltung. Nicht umsonst spricht man davon, zu einem bestimmten Thema „eine Haltung zu haben". Dieser Redewendung kann man entnehmen, dass man bereits an der Körperhaltung der betreffenden Person ablesen kann, ob sie zu einem Thema zustimmend oder ablehnend eingestellt ist. Wir drücken uns also in unserer Körpersprache permanent aus. In vielen Fällen laufen Gestik, Mimik und Haptik jedoch automatisiert ab und sind uns gar nicht bewusst. Dessen ungeachtet handelt es sich hierbei bereits um Selbstausdruck. Wenn du also zu Beginn des Kapitels dachtest, es ginge hier ausschließlich um Töpfern, Malen und Ausdruckstanz, dann liegst du zwar nicht falsch, dies allein würde jedoch zu kurz greifen. Bei den genannten Tätigkeiten handelt es sich um Kunstausübungen. Diese sind heilsam, anregend und überaus förderlich für die Selbstentwicklung. Daher werden wir diese Tätigkeiten im Übungsteil teilweise auch zur Hilfe nehmen. Selbstausdruck findet jedoch schon statt, bevor er zum Kunstwerk veredelt wird. Der Griff zum Wasserglas ist bereits Selbstausdruck, weil die Art und Weise wie du danach greifst unweigerlich zeigen wird, wie es dir dabei geht. Ein aufmerksamer Beobachter wird an diesem Griff nach dem Glas ablesen können, ob du sehr durstig bist oder ob es sich um eine Kompensationsgeste zum Auffüllen einer Gesprächspause handelt, ob du nervös bist, entspannt oder ungeduldig.

Wenn Griff, Blick und Tat Selbstausdruck sind, dann ist dein Leben das Kunstwerk, das daraus entsteht. Willst du daher überprüfen, ob und wie oft du dich in authentischer Weise auszudrücken vermagst, ist es hilfreich, dich in deinem

Alltagsleben etwas umzublicken. Nur zu häufig kommt man dann nämlich zu dem Schluss, dass Vieles im Leben das Resultat von Unterdrückung und Konformität ist und das authentische Selbst dabei auf der Strecke bleibt. Um die unauthentischen Anteile zu ändern, muss man nicht mit dem Vorschlaghammer alles niederreißen. Das hieße, sich selbst Gewalt zufügen. Sinnvoller ist es, behutsam Schritt für Schritt vorzugehen und sich dabei von seiner Lebensfreude leiten zu lassen. Das heißt nicht, dass du jede Aufgabe in deinem Lebensalltag großartig finden sollst, sondern, dass du mit spielerischer Leichtigkeit an die Dinge herangehst. Wenn du nicht weißt, wovon ich hier eigentlich rede, dann bitte ich dich, wieder an ein kleines Kind zu denken, dass gerade mit Bauklötzen spielt. Es wird die einzelnen Klötze drehen und wenden, um die verschiedensten Konstruktionen auszuprobieren. Wenn du als Erwachsener dazukommst und ihm eine neue Form baust, wird es diese freudig umwerfen. Aller Wahrscheinlichkeit nach hat es deine Anregung jedoch bereits aufgegriffen und wird die neue Form gleich selbst ausprobieren. Dies ist nur ein typisches Beispiel von vielen, wie Kinder mit unermüdlicher Kreativität alles lernen. Spielen heißt für Kinder das Leben erlernen. Kleine Kinder unterscheiden nicht zwischen Spiel und Ernst. Sie nehmen alles mit spielerischer Ernsthaftigkeit in Angriff. Ob sie nun mit Wachskreiden kritzeln oder versuchen, den Boden zu fegen, wie sie es bei den Eltern gesehen haben.

Im folgenden Kapitel werden wir uns ausführlicher mit der Bedeutung des Spiels für die Selbstentwicklung befassen. Nun wollen wir den Grundstein dafür legen, indem wir unser Bewusstsein für die Art und Weise unseres aktuellen Selbstausdrucks schärfen und uns – in vielen kleinen Schritten – wieder mehr mit unseren kreativen Kräften verbinden. Kreativ sein bedeutet im Wortsinn „erschaffen".[23] Doch keine Sorge, du musst nicht gleich deine ganze Welt neu erschaffen, um deine kreativen Kräfte nutzbringend für dich walten zu lassen. Steve Jobs brachte die eigentliche Bedeutung von Kreativität folgendermaßen auf den Punkt: „Kreativität heißt einfach, Dinge miteinander zu verbinden." Ein Mensch, der auf kreative Weise sein authentisches Selbst mehr zum Ausdruck bringen möchte, wird also mit einem offenen Geist die Dinge, die ihn umgeben, betrachten und ihnen im Bedarfsfall eine neue Form geben, die seinen Bedürfnissen besser entspricht. Ich will dir hierfür ein – scheinbar – banales Beispiel nennen:

Eine junge Frau zieht in eine teilmöblierte Wohnung. Sie ist froh, dass sich in dieser Wohnung bereits einige solide Schränke befinden, denn es ist ihre erste eigene Wohnung und sie könnte es sich gar nicht leisten, ihr Zuhause komplett neu einzurichten. Nur stammen die Schränke allesamt aus den frühen 80er-Jahren und schauen leider auch genauso aus: Eiche brutal, die einen mit ihrem behäbigen Braun erschlägt, sobald man den Raum betritt. Die junge Frau hat nicht viel Geld, legt jedoch großen Wert darauf, sich in ihrem Zuhause leicht und frei zu fühlen. Eiche brutal steht diesem Wunsch maximal entgegen. Also kauft sie Kreidefarbe und ein paar Pinsel. Sie gestaltet die behäbigen Möbel mit frischen Farben neu. Einen Schrank grundiert sie weiß und zieht mit Blau- und Türkistönen die geschnitzten Verzierungen nach. Sie liebt den Kontrast von Weiß und Blau, das erinnert sie immer an ihre Sommerurlaube am Meer. Den wuchtigen Schlafzimmerschrank bemalt sie in einem pudrigen, blassen

---

[23]Kluge, Friedrich: Kluge: Etymologisches Wörterbuch der deutschen Sprache: 13.000 Stichwörter, 25. Aufl., Berlin: De Gruyter, 2011.

Kirschrosa, denn diese Farbe findet sich auch häufig in ihrer Garderobe, da ihr der Farbton gut steht und ihr obendrein das Gefühl von Leichtigkeit vermittelt. Sie hat durch ihre Kreativität somit nicht nur Geld gespart, sondern auch Unikate geschaffen und sich obendrein selbst in der vorhandenen alten Einrichtung authentisch ausgedrückt. Dazu musste sie nicht die Schränke neu tischlern, sie musste sie nur ummodeln. Mit dieser Art von kreativer Kraft können auch wir in spielerisch leichter Weise unser authentisches Selbst verstärkt in unserem Alltagsleben zum Ausdruck bringen. Fangen wir gleich mit der ersten Übung an:

Übung 1: Farbanalyse

In dem eben genannten Beispiel habe ich gezeigt, wie die junge Frau mittels Farben ihr Selbst authentisch in der Wohnung zum Ausdruck brachte. Farben tragen enorme Bedeutung in sich. Der deutsche Psychologe und Traumspezialist Klausbernd Vollmar bezeichnet in seinem „Buch der Farben" Farbe als eine Ursprache der Welt, eine Energie, die Stimmungen erzeugt. Ein interessantes physisches Detail möchte ich an dieser Stelle nicht unerwähnt lassen: Wie du vielleicht weißt, ist Farbe ein Sinneseindruck, der entsteht, wenn Licht mit Wellenlängen von 300 bis 700 Nanometern auf die Netzhaut trifft. Das Licht selbst ist farblos, veranlasst aber Sinneszellen im Auge zu einer Nervenerregung, die wiederum dazu führt, dass der Mensch diesen Lichtimpuls als Farbe wahrnimmt. Wie dies vonstatten geht, ist nicht abschließend geklärt. Eines ist jedoch klar: Da unsere Gehirne unterschiedlich sind, ist es auch unsere

Farbwahrnehmung.[24] Somit ist unser Bedürfnis nach Farbausdruck ebenfalls eine hochindividuelle Angelegenheit. Dennoch gibt es universelle Prinzipien. Rot wirkt beispielsweise aggressiv und alarmierend. Daher wird man diese Farbe in Krankenhäusern eher nicht in den Krankenzimmern finden. An der Ampel ist sie als Haltesignal aber ideal. Farben sprechen also eine eigene Sprache. Die Art der Farben, mit der wir uns umgeben, verrät daher viel über unseren aktuellen Zustand und unsere Bedürfnisse, vielleicht sogar auch über unsere Persönlichkeit.

Machen wir nun eine kleine Bestandsaufnahme:

Welche würdest du spontan als deine Lieblingsfarbe bezeichnen und warum? Was gibt dir diese Farbe?

Wie häufig findet sich deine Lieblingsfarbe in deiner Kleidung, in deiner Wohnung und in deinen Alltagsgegenständen wie Fahrzeugen, Elektrogeräten, etc. … tatsächlich wieder?

Schlendere bitte durch deine Wohnung und lass die Einrichtung auf dich wirken. Was erzählt dir diese über die Menschen, die hier wohnen? Und wieviel davon hat wirklich mit deiner Persönlichkeit zu tun? Wünschst du dir mehr Farbe oder eher weniger?

Wie sieht es mit deinem Kleidungsstil aus? Welche Farben ziehst du auf täglicher Basis an?

Die Damen haben es tendenziell etwas leichter, sich farblich kreativ auszudrücken. Herren haben es gerade in der Berufswelt

---

[24]Vollmar, Klausbernd: Das große Buch der Farben, Kiel: Königsfurt Urania, 2009.

oftmals deutlich schwerer, da speziell im konservativen Businessumfeld nur sehr gedeckte Farben wie Grautöne, Dunkelblau und Schwarz als seriös gelten. Falls dies auch auf dich zutrifft: Wie geht es dir damit? Wünschst du dir mehr Farbe in deinem Leben? Falls ja, wo könntest du diese integrieren?

Bitte frage dich die nächsten Tage, welcher Bereich deines Lebens mehr oder weniger Farbe vertragen würde. Dabei reichen oft schon kleine Veränderungen: Ein buntes Paar Socken beim Freizeitoutfit. Eine Kerze in einem beruhigenden Grünton. Ein Überwurf für das graufleckige Sofa … Es gibt unzählige Möglichkeiten, wie du dich und deine aktuellen Bedürfnisse durch Kleinigkeiten in deinem Alltagsumfeld ausdrücken kannst. Bitte finde in den nächsten Tagen mindestens drei solcher Punkte, wo du dich farblich ausdrücken kannst, und lasse die Veränderung danach bewusst auf dich wirken.

Übung 2: Die Welt begreifen

Bei dieser Übung wollen wir dein Bewusstsein für deinen Tastsinn schärfen. Denn in diesem Sinn verbinden sich Ausdruck und Eindruck in rasanter Wechselwirkung. Grund genug, ihm eine eigene Bewusstseinsübung zu widmen:

Bitte gehe durch das Zimmer, in dem du dich gerade aufhältst, und greife drei Gegenstände darin langsam und bewusst an. Nimm dir die Zeit, die Qualität des Gegenstandes wahrzunehmen. Wie fühlt er sich an? Kühl, glatt, rau, weich?

Bitte greife nun die nächsten drei Gegenstände und achte dabei zusätzlich auf folgende Punkte: Wie greifst du zu? Gezielt, zögerlich, geradlinig? Wie sind die Bewegungen deines Körpers?

Greift nur die Hand oder dreht sich der Oberkörper mit? Kannst du vielleicht auch eine leichte Drehung in der Hüfte wahrnehmen, wenn du nach einem neuen Gegenstand greifst?

Wenn du diese Übung bis hierher durchgehalten hast: Sehr gut. Denn diese scheinbar einfache Übung braucht sehr viel Konzentration, da wir uns dazu bringen, vollautomatisierte Abläufe bis ins Detail bewusst wahrzunehmen.

Nun gehen wir einen Schritt weiter. Wir bewerten den Sinneseindruck: Berühren sie drei Gegenstände und nehmen Sie diese in die Hand. Nimm einen Gegenstand und kombiniere den haptischen Eindruck mit einem Laut. Bitte sei so spontan wie möglich und überlege nicht, wie dein Intellekt den Eindruck bewertet. Gar nicht so einfach, nicht wahr? Keine Sorge, du kannst dir rasch helfen: Bitte schnuppere. Dein Geruchsinn verbindet dich auf schnellstem Weg wieder mit deinen Instinkten und daher auch mit deinen Urlauten.

Ich will dir ein Beispiel nennen: Fahre mit beiden Händen über die Tischplatte und beuge deinen Kopf, damit du diese beschnuppern kannst – aha! Sogar eine Tischplatte hat einen Geruch? Aha! Magst du den Geruch? Wenn die Tischplatte aus Holz ist, steigt vielleicht ein *mmm* aus deiner Kehle auf. Findest du diese Übung lächerlich? Dann wirst du vielleicht kurz auflachen. Es wird kein wirklich amüsierter Laut sein, sondern eher ein kurzes, ruppiges Auflachen. Oder du findest die Übung wirklich lustig. Dann lachst du. Alles ist in Ordnung. Es geht um das Wahrnehmen deiner Ausdrucksmöglichkeiten. Wie sehr und wie viel du dich tatsächlich jetzt schon ausdrückst. Wie vielfältig und machtvoll deine Mittel zum Selbstausdruck jetzt und heute bereits sind.

Trage bitte folgende Affirmation für die nächsten Tage in deinem Bewusstsein:

„Schritt für Schritt begreife ich mich."

Übung 3: Vom Urlaub zur Melodie

In der vorherigen Übung bist du vermutlich gewaltig über deinen Schatten gesprungen. Für viele Leute ist es sehr herausfordernd, mit ihrer Stimme zu experimentieren. Ich möchte dich nun weiter fordern und noch einen Schritt weitergehen. Wir spielen ein bisschen mit einer Melodie deines Lieblingssongs.

Wenn du nun zurückschreckst und sagst: „Ich kann doch nicht singen, ich bin völlig unmusikalisch!", muss ich dir leider widersprechen. Aus mehreren Gründen. Zum einen sind die wenigsten Menschen wirklich unmusikalisch. Der deutsche Neurowissenschaftler und Psychiater Manfred Spitzer gibt in seinem Buch „Das musikalische Gehirn" gar folgende Einschätzung ab: „Mindestens 95 % aller Menschen sind musikalisch."[25] Wenn du tatsächlich zu den 5 % amusikalischer Personen gehörst, so ist dies eine Besonderheit und ebenfalls Ausdruck deines unverfälschten, authentischen Selbst. Die Wahrscheinlichkeit hierfür ist, wie wir gesehen haben, jedoch nicht besonders hoch. Daher möchte ich dich einladen, mitzuspielen und dich von dir selbst überraschen zu lassen. Zumal es sich hierbei um deine persönliche Erfahrungsreise

---

[25]Spitzer, Manfred: Das musikalische Gehirn. Wie Musik auf uns wirkt, München: mvg Verlag, 2021.

handelt, bei der du das Recht hast, unvollkommen zu sein, Blödsinn zu machen und einfach nur drauflos zu spielen. Auch handelt es sich bei dieser Übung um keine Aufnahmeprüfung auf einer Universität für Musik und Darstellende Kunst. Du absolvierst auch kein Casting bei „Deutschland sucht den Superstar“. Also verbanne deinen inneren Dieter Bohlen aus deinem Kopf, denn der ist ein Spielverderber und hat hier nichts mitzureden.

Entscheide dich nun bitte für eine Melodie, die du besonders gerne magst. Diese kann von jedem beliebigen Lied stammen: Egal, ob es sich nun um einen angesagten Popsong handelt, ein Kinderlied oder eine Opernarie. Wichtig ist, dass du die Melodie magst und einen Teil davon im Kopf hast. Du kannst dir gerne die Melodie deiner Wahl nochmals vorspielen, damit deine Ohren sich wieder daran erinnern. Denn wenn sich die Ohren beziehungsweise dein Gehirn erinnern, dann reproduziert die Stimme fast von selbst die Töne. Hast du deine Melodie parat? Sehr gut.

Dann gehe einmal in die Küche oder ins Bad und suche dir einen Duft, der dich besonders anspricht. Rieche an diesem Duft, bis du reflektorisch ein Mmmm von dir gibst. Mit diesem Mmmm hast du schon deine Einstellung zum Summen der Melodie. Rieche nochmals, lass das Mmmm aufsteigen und summe auf M gleich deine Melodie weiter. Wie fühlt sich das an? Ungewohnt? Angenehm? Oder verkrampft? Dann schnuppere nochmal, summe und spaziere dabei ein paar Schritte durch die Wohnung. Wenn du dich mit dieser Übung wohl fühlst, dann kannst du jetzt die Melodie auf eine Silbe singen. Probiere, was sich für dich in diesem Moment gut anfühlt. Vielleicht magst du lalala oder doch lieber mumumu?

Sollte dich diese Übung dennoch unter Stress setzen, so kann ich dich beruhigen: Mach einfach weiter, denn durch das Singen – egal wie „gut“ oder „schlecht“ – hast du schon die Lösung. Musik minimiert kurzfristig Stress und langfristig Angst. Es ist erwiesen, dass Musik den Mandelkern – das Angstzentrum im Gehirn – herunterregelt.[26] Mit dieser Übung trainierst du also nicht nur in spielerischer Weise ein wichtiges Organ deines Selbstausdrucks, nämlich deine einzigartige Stimme. Du minimierst obendrein Ängste, was dir wiederum mehr Mut verleiht, zu dir selbst zu stehen und dich authentisch auszudrücken.

Übung 4: Sich ein Bild machen

In diesem Kapitel hast du besonders fleißig gearbeitet und viele Dinge ausprobiert, die für dich wahrscheinlich recht ungewöhnlich waren. Das ist sehr fordernd und ich hoffe, du konntest dabei auch Spaß haben. Zum Abschluss machen wir daher eine kurze Übung. Bei dieser Übung ist wichtig, dass du dir ca. 20 Minuten nimmst.

Mache dir ein Bild von deinem Leben. Nimm dir also ein Blatt Papier und etwas zum Zeichnen oder Malen. Hier ist alles erlaubt: Wasserfarben, Pastellkreiden, oder einfach ein simpler Kugelschreiber. Wichtig ist auch bei dieser Übung nicht zu viel nachzudenken, sondern dich eher davon überraschen zu lassen, was dein Unterbewusstsein dir mitzuteilen hat. Damit das funktioniert, wenden wir jetzt einen Trick an: Wenn du

---

[26]Spitzer, Manfred: Das musikalische Gehirn. Wie Musik auf uns wirkt, München: mvg Verlag, 2021.

Rechtshänder bist, dann zeichne bitte mit der linken Hand und umgekehrt. Setze dich hin, lass deine „schwächere" Hand machen, was sie will, und lass dich überraschen. Das Ergebnis wird vermutlich abstrakt ausfallen. Vielleicht kannst du aber spontan schon etwas über dich daraus ablesen. Bitte hebe das Bild gut auf und betrachte es in drei Tagen noch einmal. Was siehst du?

Ich bedanke mich für deinen Mut und deine Experimentierfreude. Wir haben nun mehr als die Hälfte des Weges zum authentischen Selbst beschritten und du hast in diesem Kapitel vermutlich viel Neues über dich erfahren. Dies ist der ideale Zeitpunkt, das Neue zur Entfaltung zu bringen, indem wir uns der Selbstentwicklung zuwenden.

KAPITEL 5

Das Wachstum – Selbstentwicklung

Da du es nun bis zur 5. Stufe geschafft hast, bist du bereits im Zustand maximaler Selbstentwicklung. Gerade durch die Selbstausdrucksübungen der 4. Stufe hast du diesen Prozess stark angeregt und ich möchte dich dazu einladen, die praktischen Übungen – insbesondere Übung 3 – immer wieder in deinem Alltag durchzuspielen.

In der 5. Stufe wollen wir unser Bewusstsein dafür schärfen, was Entwicklung eigentlich bedeutet und wie wir sie gezielt durch das Setzen von Zielen und dem Heraustreten aus der Komfortzone vorantreiben können.

Grundsätzlich ist Entwicklung ein unschuldiger Begriff. Das betone ich deshalb, da der Wunsch nach Entwicklung oft aus einem schuldbeladenen Bewusstsein um die eigene Unvollkommenheit heraus formuliert wird. Ich möchte an dieser Stelle eines ganz klar festhalten: Du bist richtig und wichtig, genauso wie du jetzt bist. Dass wir uns alle entwickeln müssen, liegt nicht daran, dass wir so schreckliche, unerträgliche Menschen sind, die sich im Interesse der Allgemeinheit zu verbessern haben. Es ist vielmehr so, dass Entwicklung zum Menschsein gehört. Der japanische Schriftsteller Haruki Murakami formuliert dieses Lebensprinzip folgendermaßen: „Die

Wahrheit liegt nicht im unveränderlichen Stillstand, sondern im steten Wandel."[27]

Selbstentwicklung ist daher ebenfalls ein fortlaufender Prozess. Nur durch lebenslanges Lernen kann man sein Potenzial zur Selbstverbesserung ausschöpfen und ein lebendiger Mensch bleiben. Sicherlich kennst auch du Menschen, die sich einfach nicht entwickeln wollen und mit 75 Jahren noch dieselbe Reifestufe, dieselben Ansichten und Interessen haben wie mit 20. Das nennt man dann Unreife. Solche Menschen sind oftmals vor der Zeit gealtert, unglücklich und obendrein keine besonders interessanten Gesprächspartner. Der Wille zum Wandel bringt das Individuum konstant sich selbst näher – ein Prozess, der manchmal steinig, aber für sich genommen schon beglückend ist. Wie sagt schon der Volksmund: „Der Weg ist das Ziel." Selbst, wenn wir das Ziel unseres perfekten, unverfälschten, authentischen Selbst nicht zu 100 % erreichen, so macht schon der Weg dorthin unser Leben reich und aufregend.

Das Wort „*Entwickeln*" wurde sprachgeschichtlich zunächst im Sinne von „*auswickeln*" und „*auseinanderfalten*verwendet" und meint heute „*entstehen*", *sich entfalten, in einem Prozess voranschreiten.*"[28] Führen wir uns einmal die Anfangsbedeutung des Wortes vor Augen: Wenn ich etwas auswickle oder auseinanderfalte, dann heißt das, es war etwas eingerollt wie eine Schriftrolle oder zusammengefaltet wie ein Stück Pergament. In beiden Fällen

---

[27]Murakami, Haruki: Die Stadt und ihre ungewisse Mauer, Köln: DuMont Buchverlag, 2024.

[28]Digitales Wörterbuch der deutschen Sprache: Entwicklung, in: Digitales Wörterbuch der deutschen Sprache, o. D., https://www.dwds.de/wb/Entwicklung (abgerufen am 14.06.2024).

handelt es sich im wahrsten Sinne des Wortes um beschriebene Blätter, die nur entfaltet werden müssen, damit ihre kostbare Inschrift sichtbar wird. Es muss nichts neu geschrieben werden. Man muss nur sichtbar machen, was bereits angelegt ist. So ist es auch mit der Selbstentwicklung. Du bist ja nun mal derjenige oder diejenige, die du bist. Gott sei Dank! Denn so etwas wie dich gibt es kein zweites Mal. Entfalte, entrolle und entwirre dich nach und nach zu deinem wahren Selbst. Dann kann es schon sein, dass du dich im wahrsten Sinne des Wortes neu erfindest. Denn dann hast du so viel Kostbares in dir selbst gefunden und entwickelt, dass sich deine Persona nach außen hin tatsächlich völlig neu darstellen kann. Dies geschieht natürlich nicht von heute auf morgen, sondern ist das Ergebnis jahrelanger Reflexion und dem Willen, deine Komfortzone immer wieder aufs Neue zu verlassen. Und das ist auch gut, nur so hat dein soziales Umfeld die Möglichkeit, mit dir mitzuwachsen und dein Leben kann sich sukzessive an dein sich entwickelndes Ich anpassen.

Selbstentwicklung entsteht also aus dem Wunsch nach Selbstfindung, wie auch der Begriffsdefinition des Dorsch-Lexikons der Psychologie entnommen werden kann: „Selbstentwicklung kann als grundlegendes Bedürfnis des Menschen bezeichnet werden, das zu sein, was man in Wahrheit ist, und nicht das, was man hat sein sollen oder müssen. Entsprechend kann die Selbstentwicklung als ein reflektierender und/oder therapeutischer Prozess beschrieben werden, das eigene, individuelle beziehungsweise «wahre» Selbst zu entdecken und zu entwickeln. Basis der Selbstentwicklung ist ein sukzessives, prozesshaftes Bewusstwerden und Verstehen des eigenen Selbst, daher des Handelns, Denkens, Fühlens und Körpererlebens [...] Die Bewusstheit von und das Reflektieren über eigene und fremde Anteile des Selbst stellt einen weiteren prozesshaften Schritt der Selbstentwicklung dar. Selbstveränderung, daher das Verändern gewohnter, aber fremder Schemata in neue, aber die eigenen Selbst näher stehenden Schemata des Handelns, Denkens, Fühlens und/oder Körpererlebens, kann schließlich das Resultat eines Selbstentwicklungprozesses sein." [29]

Auch in dieser Definition wird angeführt, wie förderlich das Bewusstsein des Körpererlebens, des Denkens, Fühlens und Handelns ist. Dies hast du seit Beginn dieses Buches unermüdlich getan! Die Übungen der jeweiligen Kapitel haben dich gezielt in diesem Prozess unterstützt und ich kann dich nur ermutigen, diese nach Lust und Laune zu wiederholen oder dir neue Möglichkeiten des Körpererlebens und der Selbsterfahrung durch Selbstausdruck zu schaffen. Wenn du Lust hast zu tanzen, tu das. Sollte ein Tanzkurs weniger dein Fall sein, bietet dir beispielsweise die Video-Plattform YouTube Unmengen an Videos mit Tutorials zu sämtlichen Tanzstilen, die du in der Sicherheit deines eigenen Zuhauses zeitlich flexibel und obendrein gratis anwenden kannst. Oder wolltest du immer schon einen Töpferkurs belegen, warst aber der Meinung, dies sei Zeitverschwendung? Nichts ist Zeitverschwendung, wenn du den Wunsch danach verspürst! Unsere Wünsche sind Wegweiser unseres verborgenen Selbst, das nach Entfaltung strebt. Deswegen sollten wir wieder lernen, unsere Wünsche zu respektieren und so gut wie möglich zu beherzigen. Stattdessen sind wir gewohnt, alles zu berechnen und

---

[29]Selbstentwicklung: in: Dorsch Hogrefe, o. D., https://dorsch.hogrefe.com/stichwort/selbstentwicklung (abgerufen am 14.06.2024).

zu bewerten. Nur zu oft wird ein Herzenswunsch dann abgewertet, weil er angeblich nichts bringt. Dies ist die Mentalität einer Gesellschaft, die es gewohnt ist, dem Profit alles unterzuordnen – insbesondere und zuallererst die lebensfrohe Entfaltung des Individuums. Deswegen möchte ich an dieser Stelle eine Lanze für die Wiederentdeckung unseres Spieltriebs brechen. Denn nur spielerisch gelingt es uns, eigene Grenzen zu überwinden, da wir uns solchermaßen mit unserem inneren Kind verbinden. Du erinnerst dich: Einzig unser inneres Kind besitzt die wahre Stärke, jede Herausforderung zu meistern, und bringt sich durch die permanente Selbstüberwindung mehr und mehr in die Welt ein. Dieses Kind aber will nicht geknechtet, beschimpft und unter Druck gesetzt werden. Es will ein sicheres Umfeld haben, in dem es sich entfalten kann. Und dies ist der Vorteil vom Erwachsenendasein: Ganz gleich, welche Erfahrungen du diesbezüglich als Kind gesammelt hast, nun hast du es selbst in der Hand! Du kannst dir selbst dieses sichere Umfeld geben. Und wenn du dies gerade im Außen nicht bewerkstelligen kannst, so kannst du es doch immer im Umgang mit dir selbst, in deinem inneren Dialog. Viele von uns werden vielleicht eher spielfeindliche Arbeitsumfelder haben, wo Druck, mangelnde Fairness, Ungeduld und Konkurrenzkampf herrschen. Macht nichts. Die anderen können und müssen wir nicht ändern. Die Art und Weise wie wir mit uns selbst umgehen, haben wir jedoch zu 100 % in der eigenen Hand. Also gehen wir mit uns selbst mit spielerischer Leichtigkeit um. Doch was bedeutet Spiel eigentlich? Die Antwort darauf ist einfach: Selbstzweck. Das Spiel genügt sich selbst. Genauso, wie dein Streben nach Selbstentwicklung im Grunde reiner Selbstzweck ist. Wie wir schon thematisiert haben, ist der Weg das Ziel. Die Freude an der Entwicklung ist der

Selbstzweck, gehen wir diese Entwicklung also mit spielerischer Leichtigkeit an! Ein besseres Einkommen, ein höherer sozialer Status und bessere Beziehungen können und werden aller Wahrscheinlichkeit nach erfreuliche Nebenprodukte dieses Entwicklungsprozesses sein. Man traut sich jedoch nur, seine gewohnten Fahrwasser zu verlassen und die eigenen Grenzen zu überwinden, wenn man sich sicher fühlt. Leistungsdruck, abwertende Selbstbeschimpfung und engstirniges Denken stehen diesem Prozess maximal im Weg. Der spielende Mensch hält alles für möglich und kann daher auch alles werden. Der deutsche Neurobiologe Gerald Hüther widmet diesem wichtigen Thema in Zusammenarbeit mit dem deutschen Philosophen und Autor Christoph Quarch gleich ein ganzes Buch mit dem vielsagenden Titel: „Rettet das Spiel!" Darin wird in umfassender, erhellender Weise auf den Zweck des Spielens eingegangen: Nur spielend lassen sich die Begrenzungen des alltäglichen Lebens überwinden und ein Tor aus der Welt des Notwendigen und Zweckdienlichen in die Welt des Möglichen öffnen. Hüther liefert für dieses Idealbild der Selbstentwicklung auch wissenschaftliche Grundlagen: „Vor allem die Befunde, die in den vergangenen zwei Jahrzehnten dank moderner bildgebender Verfahren im Bereich der Neurowissenschaften zutage gefördert werden konnten, machen es heute möglich, recht detailliert zu beschreiben, was in unserem Gehirn passiert, wenn wir es nicht mehr primär zur Organisation des Alltags, zum Erreichen irgendwelcher Ziele oder zur Verfolgung bestimmter Zwecke einsetzen. Wenn es uns also gelingt, den Raum zu betreten, in dem wir frei und unbekümmert denken und handeln, wahrnehmen und erkennen und dabei Neues entdecken und das Spektrum unserer Möglichkeiten erkunden können. Was die

Hirnforscher dann, beispielsweise mittels Kernspintomografie, im Gehirn eines in dieser Weise spielenden Menschen messen können, ist eine Verringerung des Sauerstoffverbrauchs aufgrund einer verminderten Aktivität der Nervenzellverbände im Bereich der Amygdala. Das ist diejenige Hirnregion, die immer dann besonders aktiv wird, wenn wir Angst haben.“[30]

Vermutlich erinnerst du dich: Dasselbe Phänomen ist bei der Ausübung oder beim Konsum von Musik zu beobachten! Hüther folgert, dass der spielende Mensch seine Angst verliert, was ihm überhaupt erst die Kraft verleiht, neue kreative Möglichkeiten zu ersinnen, Einfälle zu haben und Wissensinhalte zu verankern – alles Komponenten, die unserer Selbstentwicklung dienlich sind. So schlussfolgert Hüther auch: „Immer dann, wenn wir zu spielen beginnen, öffnet sich für uns eine Welt, in der all das verschwindet, was uns im alltäglichen Zusammenleben daran hindert, die in uns angelegten Potentiale zu entdecken und zu entfalten.“[31]

Lass uns also mit spielerischer Leichtigkeit zum Übungsteil übergehen und hierbei noch eine wesentliche Komponente des Spiels mitbedenken: Spielerische Leichtigkeit bedeutet, in Kauf zu nehmen, dass Dinge nicht immer auf Anhieb funktionieren. Gerade wenn wir uns in etwas Neuem üben, werden wir aller Wahrscheinlichkeit nach erst einmal scheitern. Der lebensernste Mensch verzweifelt am gescheiterten Versuch. Der spielerische

---

[30] Hüther, Gerald/Quarch, Christoph: Rettet das Spiel! Weil Leben mehr als funktionieren ist, 7. Aufl., München: Carl Hanser Verlag, 2016.

[31] Hüther, Gerald/Quarch, Christoph: Rettet das Spiel! Weil Leben mehr als funktionieren ist, 7. Aufl., München: Carl Hanser Verlag, 2016.

Mensch lernt aus dem Fehler und macht weiter, da er weiß, dass noch nie jemand etwas Bedeutsames gelernt hat, ohne dabei Fehler zu machen. Um einen lehrreichen Fehler zu machen, muss man seine Komfortzone verlassen. „Komfortzone" ist ein Begriff, der einem an allen Ecken und Enden begegnet. Üblicherweise ist die Nennung dieses Wortes – wie auch bei uns eben geschehen – mit der unmittelbaren Aufforderung verbunden, diese zu verlassen. Wenn möglich sofort. Und am besten für immer. Offensichtlich ist die Komfortzone ein verabscheuungswürdiger Ort, den es um jeden Preis zu meiden gilt. Aber was ist eigentlich genau mit diesem Ausdruck gemeint?

Das Stangl Online Lexikon für Psychologie und Pädagogik definiert den Begriff folgendermaßen:

„Komfortzone ist ein populärwissenschaftlicher Begriff und wird als jener durch Gewohnheiten bestimmte Bereich definiert, in dem sich Menschen einfach gut fühlen. Die persönliche Komfortzone ist also der Bereich, in dem sich Menschen sicher fühlen, sich wohlfühlen, wobei damit das Umfeld gemeint ist, das man kennt und gewohnt ist. Die Komfortzone endet dort, wo Überwindung oder Anstrengung beginnen und es nicht mehr bequem ist. Ein wesentlicher Teil der Komfortzone sind Gewohnheiten und Rituale, wobei alles, was für einen Menschen unerwartet und neu ist, außerhalb der Komfortzone liegt. Ängste sind dabei ein guter Hinweis, dass man seine Komfortzone verlässt, wobei das den meisten Menschen nicht bewusst wird."[32] Angst kann also ein Hinweis dafür sein, dass wir im Begriff sind, unsere Komfortzone zu verlassen und jenen Bereich zu betreten,

---

[32]Stangl, Werner: Komfortzone: in: Lexikon Stangl, o. D., https://lexikon.stangl.eu/13810/komfortzone (abgerufen am 17.6.2024).

in dem Entwicklung stattfindet: im Grenzbereich zwischen Komfortzone und Stress. Wenn wir etwas Neues wagen oder uns in einer ungewohnten Situation wiederfinden, die Angst in uns aufsteigen lässt, müssen wir also nicht gleich den Kopf einziehen und den geordneten Rückzug antreten. Wir können ruhig unsere Grenzen ein wenig ausdehnen. Was nicht heißt, dass wir sie einfach niedertrampeln müssen. Rom wurde auch nicht an einem Tag erbaut. Wenn dich also eine Situation oder eine bestimmte Herausforderung zu sehr unter Stress setzt, dann gehe es bitte langsam an. Überlege, wie du dich deinem Ziel in kleinen Schritten nähern kannst. Und nur, weil es einmal nicht funktioniert, heißt das nicht unbedingt, dass es nie klappt. Es bedeutet vielleicht lediglich, dass du einfach mehr Einzelschritte einplanen musst. Selbstüberrumpelung funktioniert manchmal, aber eben nicht immer.

Ich will dir ein Beispiel geben:

Ein junger Mann möchte gerne Sänger werden. Er ist introvertiert und kommt aus einem äußerst pragmatischen Umfeld. Wenn er als Kind gesungen hat, wurde das als störend empfunden, deswegen hat er sich das Singen rasch abgewöhnt. Er hat also nie vor Leuten gesungen, übt aber immer heimlich, weil er italienische Opern einfach liebt und nicht aufhören kann, in diese Melodien einzutauchen. Er meldet sich für eine Aufnahmeprüfung an einer renommierten Hochschule an. Er hat drei Arien perfekt vorbereitet, die er alle mühelos mit viel Herz zu singen imstande ist. Als er vor die Jury tritt, versagt ihm schon bei der persönlichen Vorstellung die Stimme. Es kommt, wie es kommen muss: An diesem Tag singt er nicht einen hörbaren, sauberen Ton. Er fühlt sich, als hätten Eisenklammern seinen Brustkorb eingeklemmt. Man unterbricht ihn bereits nach zwei

Minuten. Als er mit gesenktem Kopf die Bühne verlässt, sieht er die Juroren aus dem Augenwinkel ihre Köpfe schütteln. Er weint drei Tage lang, dann meldet er sich zu einer Meisterklasse an, in der er andere angehende junge Sänger trifft, mit denen er sich auch privat zum Üben trifft. Als er im darauffolgenden Jahr wieder zur Aufnahmeprüfung antritt, ist er bereits darin geübt, vor Publikum zu singen. Seine Angst ist nicht verschwunden, aber sie hat sich auf ein erträgliches normales Maß reduziert: Lampenfieber. Natürlich wird er dieses Mal aufgenommen.

Bei diesem Beispiel haben sowohl das eine große Scheitern als auch die vielen kleinen Einzelschritte zum Erfolg geführt. Bitte wiederhole in den folgenden Tagen diese Affirmation:

Scheitern ist unverzichtbarer Teil meines Erfolges.

Übung 1: Die Komfortzone dehnen

Nun gehen wir das Thema von der physischen Seite an: Wir machen eine körperliche Übung, in der du das sanfte Überschreiten deiner Grenzen trainieren kannst. Stelle dich mehr als schulterbreit hin und gehe in die Hocke, so dass du dastehst wie ein Skispringer vor dem Absprung – allerdings mit vor dem Körper verschränkten Händen. Nun wippe bitte und zähle. Ab wann beginnt es unangenehm zu werden? Bei 15 Wiederholungen? Dann zähle bitte noch bis 25. Geht es noch fünf weitere Wiederholungen? Und vielleicht noch fünf? Egal wie sportlich oder weniger trainiert du bist: Versuche bei dieser Übung bewusst ein bisschen mehr zu machen, als für dich angenehm ist. Und dann vielleicht noch ein bisschen mehr. Aber nicht so viel, dass du die Kontrolle verlierst und umfällst.

Übrigens gilt auch beim Sport: Wenn du einen leichten Muskelkater bekommst, ist das schon in Ordnung. Denn dann haben die Muskeln Reize bekommen und werden sich entwickeln. Wenn du so einen starken Muskelkater spürst, dass du dich drei Tage kaum bewegen kannst, dann sind deine Muskeln damit beschäftigt, sich selbst zu heilen. In einem solchen Zustand kann kein Wachstum stattfinden. Genauso verhält es sich auch mit dem Verlassen der Komfortzone: Überstimulation führt zum Stillstand, deutliche Reize führen zur Entwicklung.

Bitte wiederhole die Skispringer-Übung an drei aufeinanderfolgenden Tagen.

Übung 2: Zielsetzung

Bei dieser Übung nimmst du deine Persönlichkeitsentwicklung selbst in die Hand, indem du dir ein konkretes Ziel setzt. Bitte frage dich also:

Welche Eigenschaft möchte ich entwickeln?

Bitte entscheide dich für ein Ziel und formuliere es klar. Auch wenn du viele Punkte auf deiner Wunschliste haben magst, ist es sinnvoll, eine Sache nach der anderen anzugehen, anstatt sich mit zu hohen Erwartungen selbst zu überfrachten. Es kann sich um ein großes Ziel wie den besseren Umgang mit Wut handeln oder um ein scheinbar kleines Ziel, wie endlich die Wohnung auszumisten. Alltagshandlungen haben mehr mit unserem persönlichen Wohlbefinden zu tun, als wir denken. Wenn also Ausmisten auf deiner Prioritätenliste ganz oben steht, dann tu das. So machst du vielleicht überhaupt erst den Weg für eine Weiterentwicklung frei. Notiere dir in Stichpunkten, wie du diesem Ziel näherkommen möchtest und bleibe für mindestens vier Wochen dran. Gehe aber bitte schon vorher zur nächsten Übung über, die dich bei deinem Vorhaben unterstützen wird.

Übung 3: Märchenstunde

Erzähle die Geschichte, wie du zu diesem Ziel gekommen bist. Schreibe über dich in der dritten Person – es darf übrigens auch utopisch werden. Das heißt, wenn in deiner Geschichte Wunder passieren: Na bitte, warum nicht? Schreibe ein Märchen! Orientiere dich am Aufbau des Beispiels vom jungen Sänger aus Übung 1. Folgende Komponenten sollten also vorkommen:

Wer ist der Held der Geschichte und was ist sein Ziel? Wo liegen die Hürden? Beschreibe eine Situation, in welcher der Held scheitert. Welche Schritte unternimmt er, um sich zu entwickeln? Wie geht die Geschichte aus? Wähle eine simple Erzählweise, so schlicht und einfach, wie ein Märchen. Beschreibe die Reise deines Helden von außen. Gib deinem Helden einige Attribute, die dich ausmachen, damit du dich beim Lesen der Geschichte mit ihm/ihr identifizieren kannst. Denn natürlich bist du der Held deiner Geschichte, wie im wahren Leben auch. Und dieser Held begibt sich auf seine Heldenreise. Wichtig ist, dass der Held am Ende das von dir in Übung 2 definierte Ziel erreicht!

Und jetzt: Viel Spaß beim Schreiben!

Übung 4: In der Komfortzone landen

Einleitend zu Übung 1 habe ich geschrieben, dass Entwicklung nur stattfindet, wenn man die Komfortzone verlässt.

Nun möchte ich dieses Bild nachschärfen: Beim wohldosierten Überschreiten deiner Grenzen setzt du wesentliche Impulse für deine Entwicklung. Das eigentliche Wachstum findet in der Erholung statt. Erinnerst du dich? Es ist genau wie beim Sport: Erst den Reiz setzen, damit sich der Muskel in der Regenerationsphase aufbauen kann. Somit ist die Komfortzone dein geschützter Raum, der für deine Entwicklung ebenfalls unerlässlich ist! Suche daher immer wieder bewusst Zuflucht in deiner Komfortzone, die nicht so ein schlechter Ort ist, wie man uns manchmal glauben macht. Sie ist nur eben mehr ein Pausenraum als ein Spielplatz des Lebens. Da es für viele Menschen nicht so einfach ist, auf Knopfdruck zu entspannen, gebe ich dir hiermit eine Übung mit auf dem Weg, die dich von der Überspannung in die Entspannung führt:

Bitte lege dich auf den Boden. Falls du keinen Teppich hast, nimm dir eine Decke, damit du es bequem hast. Du liegst mit geschlossenen Augen auf dem Rücken. Spanne nun deine Wadenmuskeln an, während du die Fußspitzen fest anziehst. Halte die Spannung einige Sekunden, dann lass los. Wiederhole das Ganze, spanne dieses Mal jedoch auch die Oberschenkel fest an. Lass wieder los. Nun nimm die geballten Fäuste dazu. Spanne sie an und lass sie dann mit dem Ausatmen wieder los. Wenn du beim Ausatmen seufzt oder die Stimme sonst irgendwie hörbar wird – umso besser! Bei der nächsten und letzten Runde spannst du auch die Schultern und die Kiefermuskeln mit an. Versuche einfach so viele Muskeln wie möglich fest anzuspannen. Halte die Maximalspannung in deinem Körper für mindestens zehn Sekunden und versuche währenddessen, immer noch mehr anzuspannen. Fangen deine Muskeln vielleicht sogar an zu zittern? Sehr gut! Lass mit einem tiefen Ausatmen alles los. Bleib noch etwas am Boden liegen und spüre, wie sich dein Körper jetzt anfühlt.

Nach so viel konsequenter Arbeit an dir selbst hast du dir etwas Fürsorge verdient. Und wer könnte das besser als du selbst? Gehen wir also gleich zur nächsten Stufe über.

KAPITEL 6

Die Pflege – Selbstfürsorge

Wer viel an sich arbeitet, der muss auch gut für sich sorgen – du hast ungeheuer viel an dir gearbeitet, mindestens genauso viel Zuwendung verdienst du!

Nun bist du bereits auf der 6. Stufe deines Selbstfindungsprozesses angelangt. Du hast dich aus freien Stücken auf diese Reise begeben, und alles, was du bislang über dich und die Welt erfahren und entwickelt hast, verdankst du dir selbst. Ich hoffe, du bist mit deinen bisherigen Fortschritten zufrieden und auch gehörig stolz auf dich!

Jetzt ist es allerhöchste Zeit, dass wir uns eingehend mit der enormen Bedeutung von Selbstfürsorge befassen! Denn diese ist tatsächlich ein wichtiger Baustein auf deinem Weg zum wahren, authentischen Selbst. Zum einen, weil Selbstfürsorge dir in diesem fordernden Prozess Durchhaltevermögen verleiht, zum anderen, weil wichtige Faktoren der Selbstfürsorge wie Ernährung, Bewegung und geistige Gesundheit deine eigene Identität und dein Wohlbefinden unmittelbar beeinflussen. Wir werden uns in diesem Kapitel näher ansehen, wie und warum dies der Fall ist und was wir tun können, um diese Faktoren zu unseren Gunsten zu steuern. Doch zuvor wollen wir uns ansehen, wie der Psychiater und Neurobiologe Joachim Bauer den Begriff „Selbstfürsorge" definiert und bewertet:

„Je mehr der Mensch dem hilflosen Zustand der frühen Kindheit entwächst, umso mehr wachsen seine Fähigkeiten zur

Selbstfürsorge. Selbstfürsorge meint beides: die vom Selbst ausgeübte Fürsorge und die Fürsorge für das Selbst. Wie können wir gut für uns sorgen? Eine der zentralen, dem Menschen vom Leben gestellten Aufgaben ist es, das eigene Selbst zum Freund zu machen. Weil sie sich vor der Begegnung mit dem Selbst fürchten, suchen viele Menschen [...] Ablenkung. Hoher Arbeitsdruck, die ohne Unterlass an uns gerichteten Botschaften der Konsumgesellschaft und die uns ununterbrochen adressierenden digitalen Kommunikationsmittel versetzen den modernen Menschen in einen ständigen Reiz-Reaktions-Modus und halten ihn in gefährlichem Ausmaß davon ab, mit sich selbst in Kontakt zu sein. Selbstfürsorge bedeutet, uns nicht ganz und gar zum Zweck für etwas machen zu lassen, sondern die Tür zu öffnen zu Momenten des zweckfreien Daseins, zum So-Sein-Dürfen, zum unausgerichteten Gedankenwandern, kurz: zur Muße."[33]

Nach der Definition von Bauer muss jemand, der gut für sich sorgen möchte, willens sein, sich selbst zu begegnen. Der moderne Mensch wird jedoch oft darauf konditioniert, dem eigenen Selbst zu entfliehen. Du scheinst dieses Problem jedoch nicht zu haben, denn dein Wille zur Selbstbegegnung ist ja überhaupt erst der Grund, dass wir so weit gekommen sind und uns nun ausführlich mit dem Thema Selbstfürsorge befassen. Ich gratuliere dir, denn du hast bereits alle Voraussetzungen geschaffen, um Selbstfürsorge in dein Leben zu integrieren! Das ist deshalb so wichtig, weil Menschen, die gelernt haben, gut für

---

[33]Bauer, Joachim: Wie wir werden, wer wir sind. Die Entstehung des menschlichen Selbst durch Resonanz, München: Blessing, 2019.

sich selbst zu sorgen, bessere Ressourcen haben, um schwierige Situationen und Phasen in ihrem Leben durchzuhalten.

Bauer nennt eine weitere wichtige Voraussetzung dafür, dass Selbstfürsorge funktioniert: Du musst mit dir selbst Freundschaft schließen. Das bedeutet: Behandle dich von nun an genauso, wie du einen engen Freund behandeln würdest. Sprich mit dir selbst, wie du mit deinem besten Freund oder deiner besten Freundin sprechen würdest. Das heißt in den meisten Fällen: Deutlich liebevoller, als du es vielleicht jetzt noch tust. Aufrichtigkeit dir selbst gegenüber ist natürlich weiterhin absolut wünschenswert, aber nimm das Erkennen von eigenen Schwächen und Fehlern bitte nicht mehr zum Anlass für haltlose Selbstbeschimpfung. Mit deinen Freunden bist du auch ehrlich, aber du knallst ihnen die Wahrheit nicht brutal ins Gesicht, sondern verpackst schmerzliche Botschaften liebevoll und bietest gleichzeitig deine Unterstützung an. Mach das bitte auch im Umgang mit dir selbst!

Ich rate dir jedoch nicht nur zu einem freundlicheren Umgangston mit dir selbst. Bringe deinen inneren Dialog auf die nächste Stufe der Zuwendung: Begegne deinen Wünschen und Bedürfnissen so liebevoll, als kämen diese von einem geliebten kleinen Kind. Allzu oft haben wir Impulse, die nicht gut für uns sind – wir wollen die Schachtel Pralinen auf einmal leer futtern oder den vierten Teil einer Netflix-Serie am Stück sehen, obwohl es schon spät ist und der nächste Tag anstrengend werden wird. Dann haben wir wieder Bedürfnisse, die zum gegebenen Zeitpunkt schlicht und ergreifend nicht erfüllt werden können: Wir haben Hunger, sind aber gerade in einer wichtigen Besprechung, die noch eine Weile dauern wird. Oder wir würden gerne auf einen Roadtrip in die USA gehen. Dies ist jedoch eine kostspielige Angelegenheit, für die wir noch eine ganze Weile

Geld auf die Seite legen müssen, bevor wir uns diesen Wunsch endlich erfüllen können.

Rede dir in solchen Fällen liebevoll zu und nimm deine scheinbar kleinen Bedürfnisse genauso ernst wie deine großen Wünsche. Würdest du einem Kind, das über Hunger klagt, sagen: „Es gibt jetzt nichts, also reiß dich zusammen! Ein bisschen Hungern schadet dir sowieso nicht, sonst wirst du noch fett!"? Ich hoffe nicht. Stattdessen würdest du vermutlich eher etwas in diese Richtung sagen: „Ich sehe, dass du hungrig bist, mein Liebes. Ein bisschen Geduld noch, dann gibt es etwas Gutes für dich!" Bedürfnisse wollen wahrgenommen und wertgeschätzt werden; dann kannst du noch ein bisschen warten, wenn es wirklich sein muss. Dasselbe gilt für große Wünsche, wie bei dem Beispiel mit der Reise. Hinterfrage den Grund für diesen Wunsch, das Bedürfnis, aus welchem heraus er überhaupt entstanden ist, und begegne dir in diesem Verlangen liebevoll.

Bauer schließt seine Betrachtungen zum Thema „Selbstfürsorge" mit der Wichtigkeit des zweckfreien Daseins. Momente, in denen du nicht funktionierst, sind wohltuend, heilsam und für dein psychisches Gleichgewicht unerlässlich. Gleichzeitig ist in unserer Gesellschaft kaum etwas so verpönt wie „Nutzlosigkeit". Wenn du dir immer Beschäftigung vorgaukeln musst, weil du dich sonst nutzlos fühlst und damit wertlos vorkommst, dann hast du jetzt die Lösung für dieses Dilemma auf dem Silbertablett serviert bekommen: Ein renommierter Neurologe und Psychiater schätzt Müßiggang als unerlässlichen Bestandteil der menschlichen Entwicklung ein. In den Momenten des einfach nur Daseins kommst du zu dir selbst. Im Selbstzweck liegt Heilung, denn dann merkst du erst: „Ich bin." Und die Tragweite, die Ungeheuerlichkeit des eigentlichen Seins, ist es, die dich jede Liebe und alles Glück der Welt verdienen lässt. Es geht nicht darum, in einem System zu funktionieren, brav Steuern zu zahlen und es allen recht zu machen. Du willst und musst dir zwar deine Aufgaben in dieser Welt suchen, aber davon hängt dein Wert nicht ab. Dein Wert liegt im bloßen Sein. Verbinde dich so oft wie möglich mit diesem Grundzustand. Dies ist wohl der Grund, warum so viele Menschen meditieren. Meditation ist sicherlich ein probates Mittel und ein hilfreicher Weg. Aber es reicht meines Erachtens schon aus, einfach einmal zwischendurch 10 Minuten auf einer Parkbank zu sitzen und dem Gezwitscher der Vögel zuzuhören, ohne dabei ständig auf deinem Handy herumzuwischen.

Der Zustand des zweckfreien Daseins ist die kleine Schwester des Spiels: Beide genügen sich selbst und sind für die Selbstfürsorge unerlässlich. Auch bei der Selbstfürsorge ist also spielerische Leichtigkeit und Hinwendung zum inneren Kind gefragt!

Der japanische Schriftsteller und Literaturnobelpreisträger Kawataba Yasunari formulierte einmal folgenden vielzitierten Ausspruch: „Halte immer die Hand des Kindes, das du einmal warst, in der Hand." Dies interpretiere ich als den Willen, sich selbst Halt zu geben und seine Wünsche und Bedürfnisse in jeder Lebenslage ernst zu nehmen. Wenn es dir gelungen ist, dies als innere Haltung zu integrieren, dann wirst du jede Schwierigkeit und Herausforderung, die dir das Leben präsentiert, meistern! Und zwar spielend ...

Ein weiterer, ganz entscheidender Punkt bei der Selbstfürsorge ist die Ernährung. In der Einleitung zu diesem Kapitel habe ich bereits erwähnt, dass sie eine wichtige Rolle bei der Konstitution deiner Identität spielt. Der Volksmund weiß schon lange um diese Tatsache und bringt es mit folgender bekannter Redewendung auf den Punkt: „Du bist, was du isst." Die Forschung liefert nun nach und nach die Belege für diese Volksweisheit.

Sabrina Mörkl ist Fachärztin an der Klinischen Abteilung für Medizinische Psychologie, Psychosomatik und Psychotherapie der Medizinischen Universität Graz. Sie beforscht die Wechselwirkung von Ernährung und Psyche und hat zu diesem Thema Folgendes zu sagen:

„Unser Magen-Darm-Trakt ist mit einem eigenen Nervensystem ausgestattet, das beispielsweise die zugeführten Lebensmittel auf ihre Nährstoffzusammensetzung analysiert, Ausscheidungsprozesse koordiniert und unsere Immunantwort beeinflusst. Bauch und Kopf verständigen sich kontinuierlich wechselseitig entlang der Darm-Gehirn-Achse über Nervenbahnen, Hormone oder auch Stoffwechselprodukte der Darmbakterien. Dieses Kommunikationssystem hängt eng mit immunologischen, neurologischen und endokrinen Prozessen zusammen: Hier werden nicht nur Hungergefühl und Appetit gesteuert, sondern auch Stimmungslage und Emotionen beeinflusst. So liegt es nahe, dass auch deine Ernährung eine wichtige Rolle in diesem komplexen Zusammenspiel einnimmt. Mittlerweile gibt es überzeugende wissenschaftliche Belege, dass Ernährungsinterventionen den Krankheitsverlauf und das

Therapieansprechen bei psychischen Erkrankungen beeinflussen.“[34]

Zu diesem Thema wird seit einigen Jahren intensiv geforscht, und die Wissenschaft hat noch viele offene Fragen. Einigkeit besteht jedoch in der Ansicht, dass ein möglichst diverses Mikrobiom – früher Darmflora genannt – die physische und psychische Gesundheit positiv beeinflusst. Ich möchte in diesem Buch auf konkrete Ernährungstipps verzichten. Schließlich sind wir Menschen unterschiedlich veranlagt, und was für den einen gesund ist, kann den anderen krank machen. Manchen Menschen tut ein großer Salat als Mittagessen gut, während ein anderer davon Bauchschmerzen bekommt. Und Nüsse sind nur dann gesund, wenn man nicht allergisch auf sie reagiert. Auch die als gesund geltenden Vollkornprodukte werden nicht von jedem vertragen. Wenn du nicht sicher bist, welche Ernährungsweise für dich wirklich passt, investiere einmal in eine ausführliche Ernährungsberatung. Ein guter Berater wird versuchen, gemeinsam mit dir herauszufinden, welche Lebensmittel deiner Gesundheit dienlich sind und welche nicht.

Für alle Menschen ist es jedoch gleichermaßen erstrebenswert, sich möglichst viel von frisch zubereiteten, unverarbeiteten Lebensmitteln zu ernähren und insgesamt einen hohen Obst- und Gemüseanteil in der Ernährung zu verankern sowie den Verzehr von raffiniertem Zucker und rotem Fleisch gering zu halten. Fast-Food sollte die absolute Ausnahme sein, ist aber für viele Teil ihrer täglichen Ernährung geworden. Für eine große Anzahl von Menschen ist in unseren hektischen Zeiten tägliches Kochen

---

[34]https://www.medunigraz.at/news/detail/nahrung-fuer-die-psyche-kulinarische-medizin, 22.6.2024

nahezu unmöglich. Wird doch einmal frisch gekocht, dann eher lustlos, als müsste man eine weitere lästige Pflicht abarbeiten. Vielleicht gelingt es dir, die Sache in einem anderen Licht zu betrachten? Kochen ist eines der wertvollsten Dinge, die du in puncto Selbstfürsorge tun kannst. Die Nahrung, die du zu dir nimmst, wird in unmittelbarer Folge Teil deines Körpers.

Woraus willst du bestehen? Aus frischen, gesunden Zutaten oder aus Junk-Food und Dosenfutter? Vielleicht kannst du den Akt des Kochens umbewerten: Drehe angenehme Musik auf oder höre einen anregenden Podcast. Koche in dem Bewusstsein, dass du gerade für dich und eventuell auch für deine Lieben lebensspendende, nährende Gerichte zubereitest, die deiner Freude und deiner Gesundheit dienen und dir obendrein Genuss bereiten. Obwohl Kochen oft als banale Haushaltstätigkeit abgetan wird, ist es doch ein bedeutendes Ritual der Selbstfürsorge, mit dem du dein Wohlbefinden unmittelbar beeinflussen kannst. In Alltagshandlungen liegt oftmals mehr Besonderes verborgen, als wir es vermuten würden.

Der Zusammenhang von körperlicher und geistiger Gesundheit war schon den alten Römern klar: „Sit mens sana in corpore sano – Ein gesunder Geist in einem gesunden Körper." Das leuchtet jedem ein, denn wir alle haben diese Erfahrung schon gesammelt: Geht es dem Körper nicht gut, dann leidet auch unsere Stimmung. Wer also etwas für seinen Körper tut, der nährt seine Psyche und damit langfristig auch sein Selbstbild.

Neben einer ausgewogenen Ernährung ist regelmäßige Bewegung der wichtigste Faktor, mit dem du unmittelbar deine körperliche Gesundheit beeinflussen kannst. In den letzten Jahrzehnten hat sich in der westlichen Welt jedoch eine Kultur des Sitzens herausgebildet, die für so viele gesundheitliche Beschwerden verantwortlich ist, dass sich hieraus ein neues Sprichwort gebildet hat: „Sitzen ist das neue Rauchen."

Demgegenüber steht eine gigantische Fitnessindustrie, die sich seit Jahren über starkes Wachstum freut. Doch nicht jeder hat nach einem anstrengenden Arbeitstag Lust und Energie, sich im Fitnessstudio weiter abzurackern. Wenn es dir Spaß macht, im Fitnessstudio zu trainieren, ist das wunderbar – nur weiter so! Doch viele Menschen empfinden diese Art von Training nur als weitere lästige Pflicht. Vielleicht schaffst du es sogar, dich wöchentlich einmal ins Fitnessstudio aufzuraffen und dort lustlos dein Programm abzuarbeiten. Deinen Selbstwert nährst du auf diese Art und Weise jedoch nicht. Und häufig ist es so, dass du das auf lange Sicht nicht durchhalten kannst.

Auf der Jagd nach vorgefertigten Schönheitsidealen vergessen viele Menschen zudem, dass ein beweglicher Körper mit gesunden Gelenken mehr Vitalität vermittelt als eine glattgespritzte Fassade. Wenn für dich Botox und Filler Teil deiner Selbstfürsorge sind, dann ist das selbstverständlich zu respektieren und absolut deine Sache! Alles, was du gerne für dich tust, ist gut und richtig. Du entscheidest, was für dich in Ordnung ist und was nicht. Ich möchte lediglich darauf hinweisen, dass wir beim Thema Bewegung und Ernährung oft ganz unwillkürlich zu hohe, wenn nicht sogar unrealistische Ideale im Kopf haben. Diese Themen werden von der Werbung in Richtung Schönheit gelenkt. Mir geht es hier jedoch nicht um Schönheit. Es ist zwar wichtig, dass du dich wohl in deiner Haut fühlst, und Rituale der Schönheitspflege können ein wichtiger Aspekt der Selbstfürsorge sein. Die Jagd nach vorgegebenen und künstlichen Idealen ist hingegen ein Gewaltakt gegen dein vollkommenes Selbst. Wer hat denn das Recht zu behaupten, du wärst nicht genau richtig, so wie du bist? Dein Körper ist ein Wunderwerk, das dir in jeder Sekunde deiner Existenz dient. Allein, dass du atmest und dein Herz schlägt, zeigt, dass in deinem Körper unglaubliche Kräfte am Werk sind, die alle darauf ausgerichtet sind, deinem wunderbaren Selbst ein Zuhause zu geben. Gib also deinem Körper, der dir dein Leben lang in so vollkommener Weise dient, das Beste, was du ihm geben kannst! Das meine ich, wenn ich von Ernährung und Bewegung rede! Ehre deinen Körper. Einen direkteren Weg zu deinem geistigen Wohlbefinden kannst du kaum finden! Im folgenden Übungsteil möchte ich mit dir gemeinsam die Frage erörtern, was du tun kannst, um deinen bereits jetzt perfekten Körper zu stärken und zu verwöhnen.

Übung 1: Bewegung in den Alltag integrieren

Nicht wenige Menschen betrachten sich als Sportmuffel. Wenn du dich auch zu dieser Gruppe zählst, hat dich der Titel dieser Übung vielleicht schon gestresst. Keine Sorge! Es geht bei dieser Übung nicht darum, dass du jeden Tag Sport machen sollst. Vielmehr möchte ich dir dabei helfen, herauszufinden, wo du etwas mehr Bewegung in deinen Alltag integrieren kannst, denn: Jede Bewegung ist besser als keine Bewegung. Wichtig ist, dass du eine Sache für dich herausfindest, die du langfristig als Teil deiner Alltagsroutine in dein Leben integrieren kannst. Eine Sache. Und wenn es nur zwei Minuten sind. Diese zwei Minuten solltest du konsequent in deinen Alltag einbauen. Was diese eine kleine Bewegungsroutine ist, hängt natürlich stark von deinem Gesundheitszustand und deiner Fitness ab. Ich werde dir im Folgenden einige Impulse auflisten, wie so eine kleine

Bewegungsroutine aussehen könnte. Such dir eine – wirklich nur eine! – passende Routine aus und mache sie mindestens vier Wochen lang zum Teil deines Alltagslebens:

- **Nimm die Treppen, statt den Aufzug.** Und zwar immer dann, wenn es für dich leicht möglich ist. Liegt dein Ziel im zweiten Stock, sollte das kein Problem sein. Liegt es im 7. Stock, und du bist extrem sportlich, dann ist das auch okay. Wenn du jedoch Kniebeschwerden hast, ist dieser Impuls vielleicht nicht das Richtige für dich.
- **Steh drei Mal täglich auf und stelle dich auf ein Bein.** Solltest du Schwierigkeiten haben, dein Gleichgewicht zu halten, stelle dich so auf, dass du dich im Bedarfsfall schnell abstützen kannst. Übe zuerst auf der einen Seite, dann auf der anderen. Dies mag einfach erscheinen, aber um das Gleichgewicht zu halten, müssen viele Muskeln arbeiten.
- **Wenn du viel im Sitzen arbeitest, dann steh doch 15-mal hintereinander von deinem Stuhl auf und setze dich wieder hin.** Führe dieses Mini-Training drei Mal täglich durch.
- **Du kannst auch eine der Gymnastikübungen, die ich dir in den anderen Übungsteilen dieses Buches vorgestellt habe, herausnehmen und diese drei Mal täglich durchführen.**

Du siehst, dies sind alles einfache Anregungen, deren Durchführung keine Zeit in Anspruch nimmt, kein Equipment erfordert und nichts kostet. Die einzige Schwierigkeit besteht darin, daran zu denken. Daher bitte ich dich, vier Wochen lang dranzubleiben. Am Anfang ist es normal, dass man vergisst. Mach aber bitte unbedingt weiter – es lohnt sich!

Übung 2: Essen erforschen

Bitte nimm dir ein Stück Obst, das du gerne magst, und eine Viertelstunde Zeit. Wasche das Obst gründlich, trockne es ab. Falls nötig, schäle das Obst und schneide es auf. Richte die Stücke auf einem schönen Teller an. Schalte Musik und Fernseher aus und setze dich mit deinem Teller an einen Tisch. Greife nach dem ersten Stück und spüre genau, wie es sich in deinen Fingern anfühlt. Samtig? Glatt? Trocken? Führe das Stück Obst zum Mund. Nimm den feinen Geruch wahr, den es verströmt. Was löst dieser Geruch in deinem Körper aus? Führe das Stück langsam in den Mund und spüre ganz genau die Textur, den Geschmack und das Gefühl, das dieses Stück Obst in deinem Körper auslöst. Kaue langsam und richte deine Aufmerksamkeit ganz auf das Stück Obst und wie dein Körper darauf reagiert.

Wiederhole diese Übung an drei aufeinander folgenden Tagen mit unterschiedlichen Obstsorten.

Übung 3: Mit dem inneren Kritiker Freundschaft schließen

Wir haben in diesem Kapitel viel über die Bedeutung unseres inneren Dialogs gesprochen. Konsequente Selbstfürsorge bedeutet, den inneren Dialog zu optimieren und den inneren Kritiker zu einer wohlmeinenden Stimme umzupolen.

Bitte beobachte in den folgenden drei Tagen diese Punkte:

Wie spreche ich mit mir, wenn mir etwas nicht gelingt?

Welche Rückmeldung gebe ich mir, wenn ich eine Aufgabe erledigt habe?

Was würde ich gerne von meinem Partner/Vorgesetzten/Arbeitskollegen hören? – Und was hält mich davon ab, mir diese Dinge selbst zu sagen?

Mit welchem Wort kann ich mir immer und jederzeit etwas Gutes tun? Vielleicht, in dem ich mich öfter als „gut", „schön", „fleißig", „lieb" bezeichne?

Bitte nimm die folgende Affirmation mit auf deinen Weg:

Ich bin richtig.

Übung 4: Schönheit wahrnehmen

„Was will er denn jetzt von mir?", wirst du jetzt vermutlich denken. „Eben hat er noch geschrieben, dass es bei der Selbstfürsorge nicht um Schönheit geht, und jetzt kommt er mit einer ganzen Übung zum Thema ‚Schönheit' daher!" Schon, aber ich spreche nicht davon, dass wir jetzt alle versuchen sollen, aufs nächste Cover der Vogue zu kommen. Ich möchte dich vielmehr anregen, zu erforschen, wo überall in deinem täglichen Leben Schönheit anzutreffen ist. Wir rennen oft mit einem Tunnelblick durch die Gegend. Ich möchte dich anregen, deinen Blick für die vorhandene Schönheit zu öffnen. Bitte versuche, in den kommenden drei Tagen alles Schöne wahrzunehmen, was sich auf deinem Weg zeigt:

Eine besondere Wolkenformation am Himmel, ein Auto, dessen Design dir gefällt, der Blick auf deine Hand, ein

Schmetterling, der Kräutertopf auf deinem Fensterbrett, die Farbe deiner Bettwäsche, … was immer dir gefällt, ist es wert, dass du sich daran erfreust!

Was macht diese Übung mit deiner Stimmung?

Ich hoffc, ich konntc dir auf dicscr Stufe viele Anregungen dafür mitgeben, wie du Selbstfürsorge nach und nach Teil deiner reflektorischen Alltagshandlungen werden lassen kannst. Vereinzelte Aktionen der Selbstfürsorge wie ein Wochenende in der Therme oder ein Abend in einem besonderen Restaurant sind sehr wirkungsvoll und von Zeit zu Zeit notwendig. Doch wenn Selbstfürsorge ein Reflex ist und selbstverständlicher Teil unseres täglichen Lebens, dann sind wir in uns selbst bestens aufgehoben!

KAPITEL 7

Der Spiegel – Selbstreflexion

Das Ende unserer gemeinsamen Reise naht: Du bist auf der 7. Stufe angelangt! Zum Abschluss unserer Reise wollen wir uns noch einmal gründlich dem Thema „Selbstreflexion“ widmen.

Du bist von Haus aus ein reflektierter Mensch und hast im Zuge der ersten 6 Stufen dieses Buches dein Handeln immer wieder aufs Neue reflektiert. Das bedeutet, du bist schon mittendrin. Du hast den Willen, an dir zu arbeiten und dich weiterzuentwickeln, und ohne Selbstreflexion entwickelt sich der Mensch nun mal nicht weiter. Selbstreflexion ist also nicht nur eine wesentliche Voraussetzung zur Selbstfindung, sondern auch eine Möglichkeit, das Erlernte zu integrieren, dein Selbstbewusstsein weiter zu festigen und dich gelassen dem lebenslangen Prozess der Selbstentfaltung hinzugeben. Es gibt daher mehr als einen Grund, sich diesem wichtigen Begriff ausführlich zu widmen, unser Bewusstsein für Selbstreflexion zu schärfen und deine bereits bemerkenswerten Fähigkeiten auf die nächste Stufe zu heben.

Reflexion ist ein Begriff, der in vielen Disziplinen vorkommt: Man findet ihn in der Physik ebenso wie in der Grammatik und natürlich auch in der Psychologie. Schauen wir uns zunächst einmal an, woher sich das Wort „reflektieren“ eigentlich ableitet, um der Bedeutung des Begriffs auf den Grund zu gehen: Reflektieren bedeutet „zurückdrehen, umwenden, sich zurückbeugen" und bezieht sich in seiner Grundbedeutung auf Licht- und Schallwellen. Auch aus der Grammatik kennt man den Begriff: Hier werden Verben und Substantive flektiert, das heißt, sie werden gebeugt, gebogen und gekrümmt.

Man kann aus diesem Wortursprung für die Psychologie ableiten, dass der reflektierende Mensch sein Handeln und Denken vor seinem geistigen Auge dreht und wendet, es hin und her biegt und sich so mit seinen Taten und Denkweisen auseinandersetzt. Das Dorsch-Lexikon der Psychologie spricht in diesem Zusammenhang von metakognitionspsychologischer Reflexion. Falls du jetzt über den Begriff Metakognition gestolpert bist: Keine Sorge, es ist einfacher, als es klingt. Metakognition besagt lediglich, dass der Denkende über seine Gedanken nachdenkt. Der Begriff der metakognitionspsychologischen Reflexion wird im Dorsch-Lexikon folgendermaßen definiert: „Metakognitionspsychologische Reflexion ist die Fähigkeit, eigenes Verhalten, mentale Konzepte, Gefühle und Haltungen wahrzunehmen und in Bezug zur Umwelt kritisch zu hinterfragen. Sie ist notwendige Voraussetzung, um aus gemachten Erfahrungen zu lernen, vor, während oder nach dem Ereignis. Durch die eigenständige, aber auch mit anderen gemeinsam durchgeführte Reflexion kann ein differenzierteres Verständnis des Selbst, des Anderen oder der Situation als Ganzem entstehen."

Wir wollen in der Folge nur von Selbstreflexion sprechen, da nun klar ist, dass wir nicht von einem physikalischen Phänomen reden, sondern von der Grundlage jedes menschlichen Wachstums. Du kannst das schöne Wort

„metakognitionspsychologisch“ ja bei deinem nächsten Small Talk einfließen lassen.

Selbstreflexion ist also die kritische Auseinandersetzung mit allem, was du tust und denkst. Sie kann allein stattfinden, es ist jedoch durchaus sinnvoll, von Zeit zu Zeit eine Vertrauensperson hinzuzuziehen. Oftmals begreifst du erst, was du eigentlich die ganze Zeit machst, wenn du es laut aussprichst. Natürlich kann auch der Standpunkt einer wohlwollenden Person, die dich gut kennt, hilfreiche Impulse liefern. Eine weitere gute Möglichkeit ist es, zur Selbstreflexion einen psychologischen Berater oder Coach aufzusuchen. Es ist schade, dass diese Art der Hilfestellung häufig einen schlechten Ruf hat. Als wäre der Mensch, der Hilfe im Gespräch sucht, schwach und alle, die angeblich keine Hilfe brauchen, automatisch stark. Dabei ist es doch so, dass der Mensch, der sich seinen Problemen stellt und sein Handeln hinterfragen möchte, der eigentlich Starke ist. Und jeder braucht irgendwann in irgendeiner Form Hilfe … Wer also hin und wieder Unterstützung bei seinen Reflexionsprozessen braucht, ist gut beraten, zumindest gelegentlich einen professionellen Gesprächspartner aufzusuchen. So hast du ein erfahrenes und neutrales Gegenüber, das bereit ist, sich ganz auf dich einzustellen.

Und nun vollführen wir einen interessanten Kreisschluss: Du weißt bereits, dass der selbstreflektierende Mensch als Denkender über seine Gedanken nachdenkt. Laut dem preußischen Gelehrten und Vertreter des Neuhumanismus Wilhelm von Humboldt ist Denken ohne Reflexion jedoch gar nicht möglich. Er sieht darin einen essenziellen Bestandteil menschlichen Denkens:

„Das Wesen des Denkens besteht im Reflektieren, daher im Unterscheiden des Denkenden von dem Gedachten. Um zu reflektieren, muss der Geist in seiner fortschreitenden Tätigkeit einen Augenblick stillstehn [sic], das eben Vorgestellte in eine Einheit fassen und auf diese Weise, als Gegenstandt [sic], sich selbst entgegenstellen."[35]

Was war also zuerst da? Das Denken oder das Reflektieren? Eine Henne-Ei-Geschichte, das heißt, eine Frage, über die es sich lohnt nachzudenken, auf die es aber keine Antwort gibt. Was uns jedoch an Humboldts Definition weiterhilft, ist, dass er die Notwendigkeit betont, bei der Reflexion von sich selbst Abstand zu gewinnen und zur Ruhe zukommen.

Eine einfache Möglichkeit, sich als Denkender von seinen Gedanken zu unterscheiden und im Moment anzukommen, ist das Schreiben. Vermutlich erinnerst du dich noch gut: Auf der ersten Stufe unserer Reise bist du in drei Reflexionsteilen ausführlich, mit teils schonungslosen Fragen, deinen Verhaltenstendenzen, Denkweisen, Wünschen und Absichten auf den Grund gegangen. Ich bitte dich nun, dieselben Fragen noch einmal zu beantworten. Da du zwischenzeitlich auf deinem Weg der Selbstentwicklung viele Stufen durchlaufen hast, bist du nun auch in Selbstreflexion viel geübter als noch auf Stufe 1. Daher bitte ich dich, dieses Mal sämtliche Reflexionsfragen in einem Schwung zu beantworten. Solltest du dich zwischendurch angespannt oder aufgeregt fühlen, steh kurz auf und mach eine der körperlichen Übungen wie das Drehen des Oberkörpers mit

---

[35] Von Humboldt, Wilhelm: Schriften zur Sprache, Stuttgart: Reclam 1973.

den Händen auf den Schultern oder das sanfte Wiegen des Rumpfes von links nach rechts, während du dich selbst umarmst.

Richte nun bitte deine Schreibunterlagen her, hol dir ein Getränk, das dir jetzt Freude macht und welches du bei der Beantwortung der Fragen langsam genießen kannst. Bitte nimm dir ausreichend Zeit für die Beantwortung der Fragen – vor dir liegt ein kleiner Marathon – und verbann vorübergehend dein Mobiltelefon aus deiner Reichweite.

Jetzt kann es losgehen!

Übung 1: Reflexionsmarathon

1. Welche Seiten mag ich an mir nicht?

2. Was möchte ich gerne an mir ändern?

3. Warum möchte ich diese Wesenszüge, Verhaltensmuster etc. ändern?

4. Wann habe ich mich das letzte Mal für mich selbst geschämt?

5. Welche meiner Taten würde ich gerne ungeschehen machen?

6. Wer will ich werden?

7. Welches ist meine allererste Erinnerung?

8. Wer waren in meiner Kindheit meine Idole?

9. Welchen Menschen konnte ich als Kind nicht ausstehen und warum?

10. Welche Eigenschaften bewundere ich heute an anderen Menschen?

11. Welche Eigenschaften stoßen mich an anderen Menschen ab?

12. Was würde das Kind, das ich war, zu dem Erwachsenen, der ich heute bin, sagen?

13. Was kann ich richtig gut?

14. Auf welche Tat bin ich stolz?

15. Welchen Wesenszug mag ich an mir besonders?

16. Was möchte ich in meinem Leben als nächstes erreichen?

17. Welche Eigenschaften schätzen meine Mitmenschen an mir?

18. Was war das schönste Kompliment, das ich jemals bekommen habe?

Nachdem du die Fragen beantwortet hast, machen wir weiter mit einer Übung.

Bitte beschreibe nun langsam eine liegende Acht mit deinem Kopf: Lass den Kopf nach vorne fallen und bewege ihn im äußerst langsamen Tempo vorne über die linke Schulter nach hinten – dabei atmest du ein. Wenn du deinen Kopf so weit bewegt hast, dass er im Nacken liegt, kippe ihn bitte vorsichtig wieder nach vorne in Richtung Brust und ziehe einen langsamen Kreis über die rechte Schulter – dabei atmest du aus. Die liegende Acht solltest du in einer fließenden Bewegung, ohne zu stocken, durchführen. Dehne den Kopf immer nur so weit, wie es für dich angenehm ist. Die Halswirbelsäule ist nicht die richtige Stelle des

Körpers, um deine Komfortzone zu dehnen – hier ist äußerste Behutsamkeit gefragt. Wiederhole die Übung so oft, wie es für dich angenehm ist – ich würde 26 Kreise vorschlagen, doch wenn du sehr starke Verspannungen im Halsbereich hast, sind fünf Wiederholungen schon eine Herausforderung. Höre bitte gut auf dich. Egal wie viele Wiederholungen du machst, versuche, den Atemrhythmus gut mit der Bewegung zu koordinieren: Während des linken Kreises einatmen, während des rechten ausatmen.

Nachdem nun auch diese Übung geschafft ist, bitte ich dich, die Antworten auf die Fragen des Reflexionsteils dieser Stufe mit jenen Antworten zu vergleichen, die du auf der ersten Stufe gegeben hast. Was ist gleichgeblieben? Was hat sich verändert? Wie hast du dich dieses Mal beim Beantworten der Fragen gefühlt? Kannst du das Ausmaß der Entwicklung aus der Unterschiedlichkeit der Antworten ablesen?

Ich habe bewusst alle Fragen noch einmal exakt gleich gestellt. Auch eine Frage wie „Wer waren in meiner Kindheit meine Idole?“ habe ich wiederholt, denn schließlich kann es sein, dass auf der 7. Stufe deines Selbstfindungsprozesses plötzlich ganz andere Aspekte aus deinem Erinnerungsschatz auftauchen als noch zu Beginn. Falls du diese oder andere Fragen völlig gleich beantwortet hast, ist das natürlich auch völlig in Ordnung. Es geht bei dieser Übung nicht darum, dich selbst zu bewerten oder gar abzuwerten! Du sollst lediglich in den Spiegel blicken und das Bild, welches dir der Spiegel zurückwirft, betrachten – kurz gesagt: reflektieren! Ich bin mir jedoch ziemlich sicher, dass sich doch einige Antworten verändert, gewandelt oder erweitert haben dürften.

Denn wie sagte schon Heraklit: „Panta rhei: Niemand kann zwei Mal in denselben Fluss steigen, denn alles fließt.“ Das führt uns gleich zu unserer nächsten Übung:

Übung 2: Der Fluss des Lebens

Bitte lege dir etwas zum Zeichnen griffbereit. Wähle deine Zeichenutensilien ganz nach deinen persönlichen Vorlieben: Von Ölfarben über Buntstifte bis hin zum Kugelschreiber ist alles erlaubt. Setze dich jetzt bequem hin und schließe die Augen. Denke an den Fluss deines Lebens und lass dich von dem Bild überraschen, das vor dir auftaucht. Es kann sein, dass spontan kein Bild kommt. Macht nichts, denke einfach an irgendeinen Fluss. Wie sieht er aus? Verändert er sich vielleicht? Betrachte dieses innere Bild des Flusses eine Weile, solange du dich damit wohlfühlst. Dann nimm rasch deine Zeichenutensilien zur Hand und banne deinen Lebensfluss aufs Papier. Wie sieht er aus? Breit oder schmal? Weist er viele Wellenbewegungen auf oder plätschert er mehr gemächlich dahin? Wie geht es dir, wenn du deinen persönlichen Fluss betrachtest? Gefällt er dir? Wunderbar, dann ist die Übung fertig. Gefällt er dir nicht, dann ändere ihn einfach! Bessere aus, was dir nicht gefällt. Gib dem Fluss deines Lebens die Form, mit der du dich jetzt und hier wohlfühlst.

Du merkst schon, auf der 7. Stufe läuft alles ein bisschen anders. Bei den ersten 6 Stufen haben wir Theorie und Praxis schärfer voneinander getrennt. Hier fließt alles ineinander, so wie im echten Leben auch.

Im nächsten Punkt wollen wir uns einer potenziellen Stolperfalle im Reflexionsprozess bewusst werden: der Stolperfalle der kognitiven Dissonanz. Das Wort kognitiv dürfte dir mittlerweile vage bekannt vorkommen. Ich habe es dir schon bei der metakognitionspsychologischen Reflexion untergejubelt. Jetzt wollen wir diesen Begriff separat unter die Lupe nehmen. Das Gabler Wirtschaftslexikon definiert Kognitionen als Erkenntnisse des Individuums über die Realität. Den Begriff „Dissonanz" kennst du vielleicht aus der Musik. Damit bezeichnet man den Missklang beim Zusammenklingen zweier oder mehrerer Töne. Nun hat jeder Mensch am laufenden Band unterschiedlichste Kognitionen, die permanent mit den bereits im Gehirn gespeicherten Erkenntnissen abgeglichen werden. Stehen zwei Kognitionen miteinander in Beziehung, schließen einander jedoch gegenseitig aus, führt dies zu einem unangenehmen Spannungszustand, auch kognitive Dissonanz genannt.

„Das Erleben dieser Dissonanz führt zum Bestreben der Person, diesen Spannungszustand aufzuheben, indem eine Umgebung aufgesucht wird, in der sich die Dissonanz verringert oder selektiv Informationen gesucht werden, die die Dissonanz aufheben", beschreibt das Gabler Wirtschaftslexikon das typische Verhalten bei kognitiver Dissonanz und nennt als typisches Beispiel den Raucher, der dem Rauchen gegenüber positiv eingestellt ist und bei dem die allseits bekannten unerwünschten Konsequenzen des Rauchens kognitive Dissonanz hervorrufen. Folgende Möglichkeiten der Dissonanz-Reduktion werden genannt:
(1) Vermeidung von kognitiver Dissonanz durch Nichtwahrnehmung oder Leugnen von Informationen; (2) Änderung von Einstellungen oder Verhalten (Verzicht auf das Rauchen, Abwerten der Glaubwürdigkeit medizinischer

Forschungsergebnisse);
(3) selektive Beschaffung und Interpretation Dissonanz-reduzierender Informationen (z.B. ein starker Raucher wurde 96 Jahre alt).[36]

Ich habe dieses Beispiel zitiert, weil wohl jeder von uns solch eine Person kennt, die sich und allen anderen das Rauchen schönredet, weil sie oder er mal in der Straßenbahn mit einer Frau geplaudert hat, die einen Onkel hatte, dessen Urgroßvater 50 Zigaretten geraucht und sich dann beim Reiten in seinem 100. Lebensjahr das Genick gebrochen hat.

Das nennt man: Sich selbst in die Tasche lügen. Und unser Gehirn ist bereit, sich zu Höchstleistungen aufzuschwingen, damit wir unliebsame Gewohnheiten und Verhaltensmuster vor uns selbst rechtfertigen. Ich bin überzeugt, dass wir uns alle, ausnahmslos, wider besseres Wissen unbequeme Wahrheiten schönreden und zurechtbiegen. Das ist also nur zu menschlich und wir sollten uns und anderen mit liebevollem Humor begegnen, wenn wir solch eine Schönfärberei erkennen. Fast noch öfter aber passiert uns jedoch das Gegenteil: Jemand gibt uns eine Rückmeldung zu unserer Person, die nicht mit unserem Selbstbild kompatibel ist. Zum Beispiel halten wir uns für einen rücksichtsvollen Menschen, dann kommt jemand und sagt uns: „Du gehst aber auch über Leichen, wenn es sein muss."

---

[36]Maier, Günter W.: Kognitive Dissonanz, in: Gabler Wirtschaftslexikon, o. D., https://wirtschaftslexikon.gabler.de/definition/kognitive-dissonanz-37371 (abgerufen am 28.06.2024).

Die wenigsten von uns haben so eine dicke Haut, oder sind in ihrem Selbstfindungsprozess schon so weit fortgeschritten, dass sie in dem Moment, in dem sie mit einer solchen Aussage konfrontiert werden, analysieren können, ob diese Person mit der Kritik recht hat, oder ob sie uns Unrecht tut. Dies ist, wie alles im Leben, Übungssache und deswegen widmen wir die nächste Übung dieser wichtigen Fähigkeit. Die verursachte Spannung strebt nämlich in jedem Fall nach Auflösung und idealerweise löst sie sich in einer Form auf, die uns dient. Das heißt: Entweder die Person hat recht und wir wachsen ein Stück weiter über uns selbst hinaus. Oder die Person hat eben unrecht, dann müssen wir uns abgrenzen.

Nun wollen wir üben, die Spreu vom Weizen zu trennen:

Übung 3: Dissonanz-Analyse

Setze dich bequem mit einem warmen, tröstenden Getränk auf die Couch und überlege: Wann hat dir zuletzt jemand eine Rückmeldung oder gar Kritik zu deiner Person gegeben, die dich in innere Spannungszustände versetzt hat?

Dieser Spannungszustand ist immer ernst zu nehmen: Er weist darauf hin, dass hier etwas nicht in Ordnung ist. Entweder mit deinem Selbstbild oder mit dem Bild, das die andere Person von dir hat. Wir können die Sichtweise von anderen Menschen auf uns nicht unbedingt beeinflussen. Es ist jedoch wichtig, die Kritik abzuwägen, gegebenenfalls in dein Selbstbild zu integrieren oder aber zu verwerfen.

Wenn du dich an eine konkrete Situation erinnerst, frage dich bitte: Warum löst das Gesagte in dir Spannungszustände aus?

Könnte etwas dran sein? Wenn an der Kritik wirklich etwas dran ist, warum ist das schlimm? Was sagen Menschen, denen du vertraust und die dir wohlgesonnen sind, zu dieser Kritik?

Nicht selten ist übrigens sowohl im Selbstbild als auch in der Außenperspektive ein Körnchen Wahrheit zu finden. Wir Menschen sind nicht absolut schwarz oder absolut weiß. Zum Beispiel können wir in vielen Situationen eine Engelsgeduld aufbringen. Etwa, wenn wir mit kleinen Kindern oder älteren Menschen interagieren. Mit Arbeitskollegen, die unserer Auffassung nach schwerfällig und schwer von Begriff sind, schaut die Sache wieder anders aus … Sind wir nun ein geduldiger oder ein ungeduldiger Mensch? Kommt drauf an …

Könnten in der Situation, an die du dich erinnerst, vielleicht beide Seiten ein Stück weit recht haben? Prüfe daher bitte, ob nicht vielleicht beide Kognitionen koexistieren können – nur eben jede auf ihrem Platz.

Du hast nun nach innen geblickt, also nimm bitte die Person, die die kognitive Dissonanz ausgelöst hat, näher unter die Lupe. Frage dich: Wer ist der Mensch, der dich kritisiert hat? Wie erlebst du ihn im Umgang mit anderen Menschen? Wie spricht dieser Mensch über und mit anderen Menschen? Kritisiert er die Eigenschaft, die er dir vorgeworfen hat, immer wieder mal an anderen Menschen?

Häufig ist es so, dass Menschen nicht von sich selbst Abstand nehmen können. Die Kritik, die sie äußern, erzählt in einem solchen Fall mehr über diese Person als über denjenigen, der kritisiert wird. Es gilt also im Einzelfall, immer sorgfältig abzuwägen und zu entscheiden, ob du die Kritik annehmen möchtest oder nicht. Die Verantwortung hierfür liegt immer ganz bei dir. Diese Übung soll dir eine Anleitung geben, wie du dich in diesem Abwägungsprozess unterstützen kannst.

Wir nähern uns in Riesenschritten dem Ende unserer Reise! An dieser Stelle möchte ich dir nun die Geschichte vom Simurgh erzählen. Der Fariduddin Attar beschrieb sie in seiner mystischen Dichtung „Die Konferenz der Vögel“:

Tausende Vögel kommen zu einer Konferenz zusammen, denn ihnen fehlt etwas Wesentliches: Ein König, der alle Tugenden dieser Welt besitzt und das Reich der Vögel in Weisheit vereint. Der Wiedehopf regt an, sich auf die Suche, nach ihrem idealen König zu begeben. Dieser Vogelkönig ist der sagenhafte Simorgh, der hinter dem mystischen Berg Oaf leben soll. Angeführt vom Wiedehopf macht sich die Vogelschar auf den Weg. Sie müssen sieben Täler durchqueren und viele Vögel bestehen die Prüfungen dieser Reise nicht. Am Ende bleiben nur dreißig Vögel – unter ihnen der Wiedehopf – übrig. Da entdecken die Vögel, dass sie selbst, alle zusammen – der Simorgh sind, denn auf Persisch bedeutet „si“ Dreißig und „murgh“ bedeutet Vögel.[37]

Die Moral dieser Geschichte ist so einfach wie durchschlagend: Wir sind, was wir suchen.

Auch du hast deine siebenstufige Reise nun fast beendet. Du hast dich intensiv mit deinem Selbstbild auseinandergesetzt, deinen inneren Kritiker zu deinem Freund gemacht und darfst dich vermutlich jetzt schon über die ersten Früchte deiner inneren Arbeit freuen. Zum Abschluss machen wir jetzt eine kurze, aber tiefgehende Übung, die dir ähnlich wie dem Wiedehopf in Attars

---

[37]Attar, Farid ud-Din: Die Konferenz der Vögel, 4. Aufl., Wiesbaden: Marix Verlag, 2013.

Gedicht helfen kann, maßgebliche Bestandteile der Essenz deines Seins ans Licht zu bringen.

Übung 4: Selbstsuche

Bitte leg dir etwas zum Schreiben und zum Malen bereit. Stelle sicher, dass du in der nächsten halben Stunde nicht gestört wirst. Setze dich nun gemütlich auf die Couch und stelle dir folgende Frage:

Was suche ich?

Schließe die Augen. Tauchen spontane Bilder auf? Steigen Worte auf, auch wenn sie nur vereinzelt sind? Verweile für einige Minuten in diesem entspannten Zustand des Nach-Innen-Lauschens. Sollte dein Kopf nicht abschalten können, füttere ihn mit folgenden Fragen: Warum habe ich dieses Buch gekauft? Was hat mich dazu bewogen, Stufe für Stufe und Aufgabe für Aufgabe zu meistern?

Wenn du so weit bist, schreibe die Antworten auf diese Frage einfach drauf los. Oder zeichne. Versuche, alle anderen Themen in den Hintergrund deines geschäftigen Geistes zu verbannen. Es zählt jetzt nur eine Frage: **Was suche ich?**

Schreibe Wortfetzen, male abstrakte Kringel – du musst gar nicht versuchen, deinen Impulsen eine konkrete Form zu geben. Sinn dieser Übung ist es, deinen ursprünglichen Beweggründen auf den Grund zu gehen, denn in diesen ist dein wahres Selbst verschlossen.

Bitte nehme für die folgenden drei Wochen den Satz „Ich bin, was ich suche.“ als Affirmation in deinen Alltag mit.

Nun möchte ich die 7. Stufe deiner bedeutungsvollen Reise mit einem Zitat von Attar abschließen, von dem ich hoffe, dass es dir Mut und Freude auf deinem weiteren Weg macht:

„Kenne dich selbst und du bist das Hundertfache davon.“

Nachwort

Jedes Ende ist ein Neuanfang. Wer eine Reise beendet, beginnt eine neue. Dies geschieht ganz von selbst, denn das Leben kennt keinen Stillstand und die Reise zur Selbstfindung ist ein andauernder Prozess. Du hast dich entschlossen, deine Reise selbst in die Hand zu nehmen und ihr eine Richtung zu geben. Die sieben Stufen zur Selbstfindung hast du erklommen. Was kommt als nächstes?

Du stehst wieder am Anfang, doch du stehst keinesfalls wieder bei null. Der Weg zum Selbst ist mit den sieben Stufen einer Tonleiter zu vergleichen: c-d-e-f-g-a-h. Jede Stufe hat ihren eigenen Charakter. Doch nach h, dem 7. Ton, kommt wieder ein c. Es ist derselbe Ton wie das erste c, doch er schwingt doppelt so schnell, das bedeutet, er ist doppelt so hoch wie das vorangehende c. So verhält es sich auch mit dir. Du bist nach außen immer noch eindeutig du, doch du existierst schon auf einer höheren Ebene. Vielleicht kannst du aktuell das wahre Ausmaß der Entwicklung nicht ermessen, die du bereits durchlaufen hast. Lass getrost etwas Zeit verstreichen, wenn du zu einem späteren Zeitpunkt zurückblickst, wirst du klar erkennen können, dass du in kurzer Zeit Unglaubliches geleistet hast.

Allein durch deine konsequente Bereitschaft, an dir selbst zu arbeiten, hast du tiefgreifende Prozesse in Gang gesetzt. Ich hoffe, du fühlst dich jeden Tag ein Stück wohler in deiner Haut und konntest bereits teilweise herausfinden, was für ein wunderbarer Mensch du bist. Ich danke dir von Herzen für dein

Vertrauen und spreche dir an dieser Stelle meine höchste Anerkennung für deinen Mut und deine Tapferkeit aus! Ich wünsche dir, dass dein Alltag jeden Tag von mehr Lichtstrahlen durchdrungen wird, bis irgendwann jeder Tag ein einziger Lichtblick wird.

Abschließend möchte ich dich ermutigen, die vorgestellten Säulen der Selbstfindung in deinen Alltag zu integrieren. Wer einmal angefangen hat, seine Identität zum Vorschein zu bringen, der wird nicht wieder damit aufhören wollen. Wähle nach Lust und Laune eine der Übungen aus, um dich bei diesem andauernden Prozess zu unterstützen. Lies vielleicht auch wieder spontan eines der Kapitel! Ich bin sicher, du wirst beim wiederholten Lesen völlig neue Impulse mitnehmen können.

Nun möchte ich dir eine letzte Affirmation mitgeben, die ebenfalls aus dem Werk der Wiener Stimmpädagogin Susanne Amberg Schneeweis stammt:

„Ich bin ich, und immer auf dem Weg zu mir selbst.“[38]

---

[38]Amberg Schneeweis, Susanne: Singen macht glücklich, Gösing: Edition Neue Wege, 2006.

Literatur

Amberg Schneeweis, Susanne: Singen macht glücklich, Gösing: Edition Neue Wege, 2006.

Aspendorf, Jens B./Neyer, Franz J.: Psychologie der Persönlichkeit, 6. Aufl., Berlin: Springer, 2018.

Attar, Farid ud-Din: Die Konferenz der Vögel, 4. Aufl., Wiesbaden: Marix Verlag, 2013.

Bauer, Joachim: Wie wir werden, wer wir sind. Die Entstehung des menschlichen Selbst durch Resonanz, München: Blessing, 2019.

Bierbaumer, Niels: Geo Wissen 59/2017 – Die Kunst zu streiten: Wie wir Konflikte besser bewältigen – und warum Harmonie nicht immer gut ist, Gruner + Jahr, 2017.

Bierbaumer, Niels/Wertheimer, Jürgen: Vertrauen. Ein riskantes Gefühl, Salzburg: Ecowin, 2016.

Brockmann, Anna Dorothea/Geiß, Marie-Luise: Sprechende Hände. Haptik und haptischer Sinn als Entwicklungspotential, WestArp BoD, 2011.

Digitales Wörterbuch der deutschen Sprache: Entwicklung, in: Digitales Wörterbuch der deutschen Sprache, o. D., https://www.dwds.de/wb/Entwicklung (abgerufen am 14.06.2024).

Frankl, Viktor: Trotzdem ja zum Leben sagen. Ein Psychologe erlebt das Konzentrationslager, München: Penguin, 2018.

Von Humboldt, Wilhelm: Schriften zur Sprache, Stuttgart: Reclam 1973.

Hüther, Gerald/Quarch, Christoph: Rettet das Spiel! Weil Leben mehr als funktionieren ist, 7. Aufl., München: Carl Hanser Verlag, 2016.

Kast, Verena: Vertrauen braucht Mut. Was Zusammenhalt gibt, 2. Aufl., Ostfildern: Patmos Verlag, 2022.

Klein, Verena: Diagnose Borderline-Persönlichkeitsstörung, in: Limes-Schlosskliniken, o. D., https://www.limes-schlosskliniken.de/blog/borderline-persoenlichkeitsstoerung/ (abgerufen am 10.07.2024).

Kluge, Friedrich: Kluge: Etymologisches Wörterbuch der deutschen Sprache: 13.000 Stichwörter, 25. Aufl., Berlin: De Gruyter, 2011.

Maier, Günter W.: Kognitive Dissonanz, in: Gabler Wirtschaftslexikon, o. D., https://wirtschaftslexikon.gabler.de/definition/kognitive-dissonanz-37371 (abgerufen am 28.06.2024).

Murakami, Haruki: Die Stadt und ihre ungewisse Mauer, Köln: DuMont Buchverlag, 2024.

Schmid, Katharina: Kopfsache gesund: Die Wissenschaft entdeckt die Heilkraft der Gedanken, Wien: Edition a, 2018.

Selbstentwicklung: in: Dorsch Hogrefe, o. D., https://dorsch.hogrefe.com/stichwort/selbstentwicklung (abgerufen am 14.06.2024).

Selbstvertrauen: in: Dorsch Hogrefe, o. D., https://dorsch.hogrefe.com/stichwort/selbstvertrauen (abgerufen am 09.06.2024).

Shakespeare, William: Hamlet, Hertfordshire: Wordsworth Edition, 1997.

Spektrum der Wissenschaft: Titel, in: Spektrum der Wissenschaft – Lexikon der Psychologie, o. D., www.spektrum.de/lexikon/psychologie (abgerufen am 12.5.2024).

Spektrum der Wissenschaft: Selbstakzeptanz, in: Spektrum der Wissenschaft, o. D., https://www.spektrum.de/lexikon/psychologie/selbstakzeptanz/13854#:~:text=Selbstakzeptanz%2C%20die%20Art%20und%20Weise,persönliche%20Autonomie%20und%20unser%20Lebensglück (abgerufen am 08.05.2024).

Spektrum der Wissenschaft: Selbstbewußtsein, in: Spektrum der Wissenschaft – Lexikon der Psychologie, o. D., https://www.spektrum.de/lexikon/psychologie/selbstbewusstsein/13883 (abgerufen am 04.06.2024).

Spektrum der Wissenschaft: Selbstbewusstsein, in: Spektrum der Wissenschaft – Metzler Lexikon Philosophie, o. D., https://www.spektrum.de/lexikon/philosophie/selbstbewusstsein/1850 (abgerufen am 04.06.2024).

Spitzer, Manfred: Das musikalische Gehirn. Wie Musik auf uns wirkt, München: mvg Verlag, 2021.

Stangl, Werner: Komfortzone: in: Lexikon Stangl, o. D., https://lexikon.stangl.eu/13810/komfortzone (abgerufen am 17.6.2024).

Vollmar, Klausbernd: Das große Buch der Farben, Kiel: Königsfurt Urania 2009.

Von Goethe, Johann Wolfgang: Faust I, 5. Aufl., München: C.H. Beck, 2010.

Weblinks

https://dorsch.hogrefe.com

https://www.dwds.de/wb/Entwicklung

https://www.medunigraz.at/news/detail/nahrung-fuer-die-psyche-kulinarische-medizin

www.spektrum.de/lexikon/psychologie

www.spektrum.de/lexikon/philospophie

https://lexikon.stangl.eu/13810/komfortzone.

https://wirtschaftslexikon.gabler.de/definition/kognitive-dissonanz-37371

Printed in Poland
by Amazon Fulfillment
Poland Sp. z o.o., Wrocław

45606267R00072